Inhaltsverzeichnis

Einleitung	7
Pflanzen – Brücken zum kosmischen Bewußtsein	11
Die Essenz – das Wesen der Pflanze	15
Die Nase – das Tor zum menschlichen Bewußtsein	16
Der Atem – die Brücke zu Mensch und Natur	18
Ätherische Öle – Düfte ganz besonderer Art	21

Die ätherischen Öle – Kurzbeschreibung 23
(Herkunft, Herstellung, Anwendung)
Bergamottöl 26, Bohnenkrautöl 27, Cajeputöl 28, Eukalyptusöl 29, Eisenkrautöl 30, Fenchelöl 31, Geraniumöl 32, Ingweröl 33, Jasminöl 34, Kamillenöl 36, Lavendelöl 37, Majoranöl 38, Mandarinenöl 39, Muskatellersalbeiöl 39, Nelkenöl 40, Neroliöl 41, Niaouliöl 42, Oreganoöl 43, Patschouliöl 44, Pfefferminzöl 45, Rosenöl 46, Rosmarinöl 47, Salbeiöl 48, Sandelholzöl 49, Thymianöl 50, Vetiveröl 51, Wacholderöl 52, Weihrauchöl 53, Ylang Ylang-Öl 54, Zimtöl 55

Düfte – aus der Duftlampe	57
Die Seele der Pflanze berührt die Seele des Menschen	58
Essenzen – transformierende Energien	60

Essenzen zur Transformation der Empfindungskraft 65
  Lunare Energie 66
    Ylang Ylang-Öl 67
    Kamillenöl 68
    Zimtöl 69
    Nelkenöl 71

Essenzen zur Transformation
der Wahrnehmungs- und Ausdruckskraft 73
  Merkur-Energie 74
    Eisenkrautöl 76
    Lavendelöl 77
    Bohnenkrautöl 79
    Pfefferminzöl 80
    Fenchelöl 81
    Majoranöl 82

Essenzen zur Transformation
der Beziehungs- und Liebesfähigkeit 83
  Venus-Energie 84
    Rosenöl 86
    Sandelholzöl 87
    Muskatellersalbeiöl 88
    Geraniumöl 90
    Ingweröl 90

Essenzen zur Transformation
der Identitäts- und Handlungsfähigkeit 93
  Solare Energie 94
    Bergamottöl 95
    Neroliöl 96
    Patschouliöl 97
    Mandarinenöl 98

Essenzen zur Transformation
der Willens- und Aktionsfähigkeit   99
  Mars-Energie   100
    Rosmarinöl   101
    Niaouliöl   102
    Oreganoöl   103
    Salbeiöl   104
    Thymianöl   105

Essenzen zur Tansformation
der Sinnfindungsfähigkeit   107
  Jupiter-Energie   108
    Wacholderöl   109
    Vetiveröl   110
    Jasminöl   111

Essenzen zur Transformation
der Konzentrationskraft   113
  Saturn-Energie   114
    Weihrauchöl   115
    Eukalyptusöl   116
    Cajeputöl   117

Übersicht – ätherische Öle und ihre Wirkungen   118

Einleitung

Es gibt viele gute und informative Bücher über ätherische Öle und ihre medizinische Anwendung, die Aromatherapie: Sie enthüllen Wesentliches über die Heilwirkungen aromatischer Essenzen und ihren praktischen Nutzen in vielen Lebensbereichen und Situationen. Ich war immer froh, auf diese Ratgeber zurückgreifen zu können – sie haben mir unzählige Wege aufgezeigt, diese so flüchtigen Substanzen faßbar und zu wichtigen Helfern zu machen.

Auch in der naturheilkundlichen Therapie sind sie inzwischen bei der Behandlung vieler Beschwerden unentbehrlich geworden und man findet ätherische Öle in ganz alltäglichen Dingen wie Zahnpasten, Deodorants, Reinigungsmitteln aber auch in Duftkugeln, Kräuterkissen oder Räucherstäbchen.

Mit der Zeit wichen in meiner kleinen Hausapotheke allopathische wie homöopathische Medikamente immer mehr den ätherischen Ölen, die schnell und effektiv heilten und deren angenehmste Nebenerscheinung ihr herrlicher Duft war. Diese Düfte inspirierten zu weiteren Experimenten mit der Nase. Und so atmete ich nach und nach immer exotischere Aromen. Aber sie kurierten nicht nur den Körper, sondern bewirkten auch etwas anderes, anfangs nur schwer faßbares. Sie ließen mich in einer veränderten Atmosphäre zurück, die in einer sehr feinsinnigen Weise meine Wahrnehmung und mein seelisches Befinden veränderte: Es lag etwas im Raum. Das war eine ganz entscheidende Erfahrung. Trotzdem arbeitete ich mit ätherischen Ölen weiterhin zumeist im heilkundlichen Bereich — bis mich eines Tages eine liebe Freundin mit einer Duftlampe überraschte. Dieses überaus praktische Utensil lud dazu ein, mich fast überall und zu jeder Zeit mit schönen Düften zu umgeben, rein zum Genuß. Im Bad, im Schlafzimmer und auch im Büro bekamen nach und nach Duftlampen ihren Platz. Mit diesen Duftlampen wurden meine Lebens- und Wohnbereiche zu einem neuartigen Erfahrungsfeld — einem Terrain für duftende Experimente. Die Aromatherapie entwickelte sich mehr und mehr zu einer Aroma-Magie.

In dieser Beziehung mit wenig anderem als meiner Experimentierfreude ausgestattet, konnte ich auch so manche ungeahnte Erfahrung machen: Eines Tages fand ich ein langerwartetes Fläschchen Muskatellersalbeiöl in der Post, das ich in England bestellt hatte, weil es damals hier in Deutschland noch nicht erhältlich war. So kam es, daß die ersten Tropfen davon in die Duftlampe im Büro fielen. Und was dann kam, war schön und fatal zugleich. Vielleicht hatte ich in meiner Freude ein paar Tropfen zuviel des Guten genommen. Jedenfalls überfiel mich wie auch meine Mitarbeiter nach kurzer Zeit ein Gefühl innigen Wohlbehagens, daß sich bis zur Euphorie steigerte, um dann einer wohligen Trägheit Platz zu machen. Während des ganzen Tages haben wir viel gelacht, uns außerordentlich gut gefühlt, aber nichts Nennenswertes mehr tun können. Was am folgenden Tag ein eher ungutes Gefühl zur Folge hatte. Das kam jedoch nicht durch den Muskatellersalbei, sondern durch den riesigen Berg von Arbeit, den wir aufzuholen hatten. Danach habe ich den Muskatellersalbei dann aus dem Büro verbannt, ber — wie Sie sich schon denken können — andere Bereiche gefunden, wo Muskatellersalbeiöl ausgezeichnet am Platz ist. Dafür gibt es Öle wie Geranium oder Eisenkraut, die ausgezeichnet in eine so öffentliche Atmosphäre wie die eines Büros passen und unserer Konzentrationsfähigkeit und Aktivität gute Dienste leisten — davon aber später mehr.

Und ich entdeckte noch etwas, etwas sehr Wichtiges, daß das nämlich alles gar nichts Neues war, sondern eine der ältesten Geschichten der Welt. Schon immer — was dieses kleine Wörtchen mit Doppel-m auch immer heißen mag — hat man sich gerne mit Düften umgeben, kannte Rezepte zum Heilen, Entspannen, Erregen und Berauschen. Religiöse Zeremonien und Initiationsriten wurden nicht zufällig von Räucherungen begleitet — aber es gab auch Bereiche, aus denen Düfte ganz bewußt ausgespart wurden. Noch heute gehört das balsamische Fluidum des Weihrauchs an die heiligen Orte; die ihm entströmende Essenz spricht noch immer das im Menschen an, was ihn für das Überindividuelle, das Geistige öffnet. Keiner käme auf den Gedanken, mit Lavendel oder Ylang-Ylang in den heiligen Stätten zu räuchern. Sie sind zu genüßlich, sprechen viel zu stark das Körperliche an. Die unteren Energiezentren oder Chakren, wie man sie auch nennt. Der Mediziner setzt Ylang-Ylang unter anderem bei Impotenz und Frigidität ein und es wird Parfüms beigemischt, denen man aphrodisierende Wirkungen nachsagt. Es gibt viele ätherische Öle, die aus Tradition zu ganz bestimmten Anlässen gebraucht werden, wie Weihrauch, Rose oder Jasmin. Aber auch Düfte unterliegen Modeerscheinungen. So war Patschouli in den sechziger Jahren der Duft der Flower-Power-Generation und später all jener, die ihr Weltbild für den Geist des Ostens öffneten. Ich erinnere mich noch an den Duft indischer Baumwollschals, teils in Paisley-Mustern, die besonders zu Anfang der siebziger Jahre überall angeboten wurden: Patschouli – ein Duft der zugleich Markenzeichen war. Aber auch sonst sind Düfte Meilensteine für Träume, Erinnerungen, Phantasien. Das macht sie zu Verführern einer ganz besonderen Klasse. Parfümeure sind die Meister in diesem Metier der Düfte. Sie verwenden aber auch synthetische Düfte und tierische Substanzen, die ich Ihnen in diesem Buch jedoch nicht vorstelle. Synthetisches und Tierisches sind von einer ganz anderen Schwingung als natürliche, reine ätherische Öle. Nur natürliche Pflanzenessenzen stellen im wahrsten Sinne des Wortes die Essenz der Pflanze dar. Gewachsen im Spannungsfeld von irdischer und kosmischer Schwingung sind sie ein Stück Natur; und mit dem ätherischen Öl wird uns etwas sehr Kostbares zur Verfügung gestellt, das es weise und mit Bedacht zu nutzen gilt. Und das ist der Grund, weshalb ich dieses Buch schreibe und das ist auch genau das, was ich vorhin mit Aroma-Magie meinte: Der bewußte Genuß verzaubernder Düfte. Denn ob wir es wissen oder nicht, Düfte/Gerüche beeinflussen unsere Gefühle und Reaktionen. Aber wir brauchen nicht Spielball ihrer Kräfte zu sein, wenn wir uns ihr Wesen erschließen, die Gesetze ihrer Wirkungen erkennen. Wir können daran Anteil haben, indem wir sie mit Bedacht einsetzen, sie zu unserer Entwicklung, unserem Wohlbehagen und auch dem anderer einsetzen.

Ätherische Öle, Essenzen, schenken Freude – eine Freude die nicht an irgendein Ding gebunden ist.

Pflanzen – Brücken zum kosmischen Bewußtsein

Ein Leben ohne Pflanzen ist kaum denkbar. Und tatsächlich erfüllen Pflanzen für uns Menschen so wesentliche und umfassende Aufgaben, daß man ihren Einflußbereich in allen Dimensionen auf den ersten Blick nur schwer erfassen – aber vielleicht erahnen – kann.

Deshalb möchte ich vor allen praktischen Anwendungsmöglichkeiten, noch bevor uns die bezaubernden Düfte in ihren Bann nehmen, noch etwas darüber schreiben, was die Pflanzen uns über Licht, Leben und das Pflanzenreich mitteilen können:

Es gibt einiges, ohne das es nicht möglich ist, auf dieser Erde zu leben – für uns Menschen zumindest: Wasser gehört dazu, aber auch die Luft. Aber woher kommt die Luft, die wir atmen?

Es gibt nur einen elementaren Bereich, der in unmittelbarer Weise mit uns kommunizieren kann: Das Pflanzenreich. Mensch und Pflanze schaffen füreinander Lebensnotwendiges – die Pflanze für den Menschen und der Mensch für die Pflanze. Es ist ein tiefer Zusammenhang des Nehmens und Gebens: die Pflanze assimiliert Kohlenstoff und gibt Sauerstoff und der Mensch nimmt Sauerstoff und gibt Kohlenstoff. Die Umkehr dieser beiden Elementarvorgänge ist Teil des großen Kreislaufs, in dem in irgendeiner Weise jedes Reich der Natur dazu dient, Leben aufzunehmen und es dann weiterzugeben.

Dieses Leben ist im Licht enthalten, Leben ist ohne Licht nicht möglich. Wir Menschen brauchen das Licht, doch sind wir nicht in der Lage, die Lebensenergie des Lichts direkt aufzunehmen. — Wir würden dabei förmlich verbrennen.Diese Sonnen-, Lebens- oder auch Lichtenergie können wir nur über »Pflanzennahrung« in uns aufnehmen.

Photosynthese nennt man diesen Prozeß der Transformation von Sonnenlicht in Energie. Grobstofflich betrachtet wird dabei Nahrungsenergie gespeichert, die uns über die Pflanzen in Form von Zucker und Stärke, den Grundbausteinen unserer Ernährung, zugänglich wird.

Auf feinstofflicher Ebene geschieht jedoch weitaus mehr. Mit den Wurzeln in der Erde verankert, die Blätter und Blüten dem Licht entgegengestreckt, entstehen in der Pflanze auch flüchtige, ätherische Substanzen. In diesem Spannungsfeld von Licht, den kosmischen Energien, und Erde, den irdischen Energien, verwandeln die Pflanzen Licht in Leben. Licht ist also eine Energie, eine kosmische Energie, und Pflanzen sind hervorragende Speicherorgane dieser kosmischen Energie. Die Pflanzen können, grobstofflich gesehen, als Nahrung unser Leben erhalten, doch die Kraft, die Essenz der Pflanze, wird nur dann ein Teil von uns, bzw. wir können nur dann daran teilhaben, wenn wir mit ihr in anderer Weise in Verbindung treten.

Das Wissen unserer Vorfahren um die Heilwirkungen der Pflanzenwelt rührt nicht von langen Experimenten oder gar Inhaltsstoff-Analysen her — diese Begriffe hatte ihr Vokabular gar nicht —, sondern von ihrer Bereitschaft zur totalen Kommunikation mit der

Pflanzenwelt, nur sie macht ein Teilhaben an ihr möglich. Hingabe kommt von Hingeben. Und durch dieses Geben war und ist ein Nehmen möglich.

Die Kommunikation mit der Pflanze ist ein Austausch im Bewußtsein der Liebe. Was ist Liebe anderes als ein stetes ausgewogenes Geben und Nehmen in den verschiedensten Dimensionen? Wenn wir die Pflanze als einen Ausdruck kosmischen Bewußtseins betrachten, können wir mit ihrer Hilfe verstehen lernen. Dann wird jede Pflanze, zu der wir in Kontakt treten, die kosmische Information und die Kraft an uns weitergeben, deren Vertreterin sie hier auf der Erde ist.

Mit Pflanzen zu kommunizieren, heißt nicht unbedingt, mit ihnen zu reden — sie werden auch nicht hörbar antworten. Kommunikation meint vielmehr ein achtsames Offensein. Man könnte es auch als einen meditativen Zustand von höchster Aufmerksamkeit bezeichnen, der das Bewußtsein in eine sehr empfängliche Schwingung versetzt. Ja, es ist ein Zustand, in dem Bewußtsein empfunden werden kann. Doch dieser Zustand alleine ist nur eine Seite, nur Geist. Der Geist braucht einen Partner, die Umsetzungskraft, die Materie. Aus der gelungenen Vereinigung beider geht alles im Leben hervor.

Wenn wir unser Bewußtsein in Liebe mit den Pflanzen verbinden, werden wir mit kosmischen Kräften genährt. Somit ist unser Bewußtsein vergleichbar mit einer inneren Pflanze, die in Übereinstimmung mit unserer Wahrnehmung des Lebens wächst.

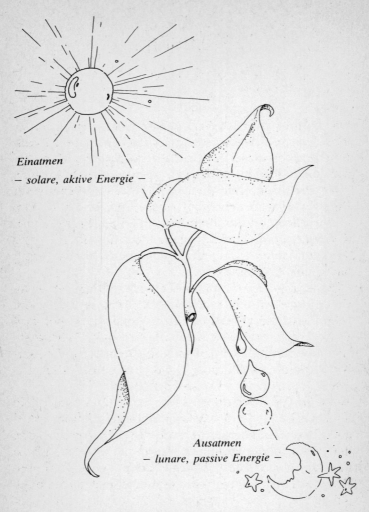

Die Pflanze im Spannungsfeld polarer Lebensprozesse

Die Essenz –
das Wesen der Pflanze

Die kosmische Information einer Pflanze ist in jedem ihrer Teile enthalten. Bei aromatischen Pflanzen konzentriert sich diese Kraft auf ihre flüchtigsten Substanzen, die ätherischen Öle; man nennt sie auch Aromen oder Essenzen. Die Essenz, das Wesentliche einer Pflanze, steckt also in den Essenzen. Diese ätherischen Öle werden von den Pflanzen in kleinen Mengen produziert, deren Verflüchtigung von der Jahres- und Tageszeit abhängig ist, aber auch von Gestirnskonstellationen.

Ätherische Öle erfüllen bei der Pflanze ähnliche Funktionen wie das Nerven- und Drüsensystem beim Menschen: Nerven leiten feinste Impulse weiter und Drüsen geben allerkleinste Mengen ihrer Wirkstoffe zur Steuerung des Organismus ab. Beides sind die Zentralen aller unwillkürlichen und triebmäßigen (lebenserhaltenden) Geschehnisse im Körper.

In größeren Mengen lassen sich ätherische Öle hauptsächlich durch Wasserdampfdestillation, aber auch durch Enfleurage, Auspressen oder Anschneiden der Pflanzenteile gewinnen. Zusammengesetzt sind sie aus verschiedensten Bestandteilen, deren genaue Komposition auch bis heute teilweise noch nicht genau bekannt ist. Und vielleicht ist das auch gar nicht so wichtig, denn sie sind da und werden von der Natur ständig neu geschaffen und gegeben. Durch ihren Kohlenwasserstoffgehalt sind sie leicht flüchtig, d. h. sie besitzen die Neigung, sich aus dem Grobstofflichen herauszulösen, sich im Äther zu verflüchtigen; deshalb auch der Name ätherisches Öl.

Der Äther ist der feine Urstoff allen Lebens (griech. Philosophie), der Träger des Lebens im menschlichen Körper (Anthroposophie) oder schlicht die Lebensenergie (Ayurweda), Prana genannt. Diese Lebensenergie wird mit dem Atem durch die Nase aufgenommen — und die Nase gilt als das Tor zum Bewußtsein.

Die Nase – das Tor zum menschlichen Bewußtsein

Mit dem ersten Atemzug geht der neugeborene Mensch eine unzertrennliche Beziehung mit dem Träger des menschlichen Lebens, der Lebensenergie an sich, ein.

In Indien nennt man diese Lebensenergie Prana — und Prana wird mit dem Atem aufgenommen. Sinngleich, doch in anderen Worten vermittelt uns das auch die westliche Mystik: »Und der Herr formte einen Erdenkloß — und er blies ihm den lebendigen Odem in seine Nase. Und so ward der Mensch eine lebendige Seele.« — Bis er stirbt und seinen »Geist« wieder aufgibt.

Man erfährt es aus den ältesten Büchern: Nur diese Verbindung mit dem feinen Urstoff allen Lebens gibt dem Menschen das Leben. So stark wie dieser Kontakt ist, so stark ist auch seine Lebenskraft.

So kann man sagen, Atem ist Nahrung für die Seele. Wie wir atmen und was wir atmen entscheidet letztendlich über die schöpferische Dimension unseres Daseins. All unsere Atemorgane sind Eingangspforten zum Bewußtsein, unserem feinstofflichsten Steuerungssystem: Von unseren Atemorganen kennt die Nase den direktesten Weg und wird deshalb das Tor zum menschlichen Bewußtsein genannt. Sie ist außerdem Pforte zum differenziertesten unserer Sinne: dem Geruchssinn, der uns genauere und präzisere Informationen gibt als irgend ein anderes Sinnesorgan.

Wenn wir den Informationswert unseres Geschmackssinns einer Handlupe gleichsetzen, dann entspricht unserem Geruchssinn ein modernstes Elektronenmikroskop. Wir können weitaus mehr Gerüche differenzieren als mit Namen benennen.

Das Geruchsorgan sitzt im hintersten und obersten Gang der Nasenhöhle. Und so riecht man nur, wenn man tief einatmet, denn nur dann streift der Atemzug auch das Riechfeld, in dem die Geruchsrezeptoren mit den feinen Riechhärchen sitzen.

Das mit dem Atem aufgenommene Lebensprana und die Duftstoffe aktivieren die Riechhärchen (der genaue »Mechanismus« ist bis heute noch nicht exakt nachgewiesen) und diese Rezeptoren senden Nervensignale zum Gehirn – und von dort aus dann über das Rückenmark und das vegetative Nervensystem bis in jede Zelle unseres Organismus. Die Bahnen, die die durch Atem und Geruch ausgelösten Nervenimpulse nehmen, berühren hauptsächlich das sogenannte limbische System, eine Gehirnregion, die das Steuerungszentrum für Emotionen und Gedächtnisfunktionen ist. Hören und Sehen beispielsweise sind Sinnesempfindungen, die den Thalamus berühren, in dem weitaus simplere Empfindungen wie beispielsweise Wärme und Schmerz registriert werden. Es ist ein faszinierender Zusammenhang, der erklärt, weshalb die Intensität der Atmung und die damit einhergehende Geruchsempfindung unser Leben so nachhaltig beeinflussen, – und in so umfassender und subtiler Weise tiefer gehen kann als andere Sinneswahrnehmungen.

Und weil Riechen (Atmen), Emotion und Erinnerung so unzertrennlich miteinander verbunden und verwoben sind, und sich in einem ständigen Wechselspiel befinden, sind gute Düfte so wichtig für uns, denn sie können uns die Tore zu den Geheimnissen der tieferen Dimensionen des Lebens öffnen.

Der Atem – die Brücke zu Mensch und Natur

Schöne Düfte locken zur Hingabe an das Leben. Wer sich hingibt, öffnet sich dem kosmischen Rhythmus, der Zusammenziehung und der Ausdehnung, dem natürlichen Wechselspiel des Ein- und Ausatmens.

Je angenehmer ein Duft ist, desto lebendiger wird unser Atmen und um so kraftvoller wird unsere Lebensenergie.

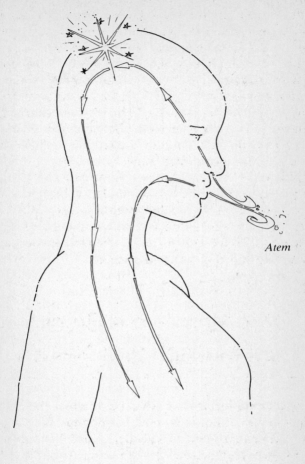

*Die Nase ist das Tor zum Bewußtsein –
Lebensenergie wird mit dem Atem aufgenommen.*

Wird die Lebensenergie blockiert, wie beispielsweise durch das Luftanhalten bei einem Schrecken, dann stockt auch der Atem. Angst und Verkrampfung sind die Folgen und unser volles Potential steht nicht mehr zur Verfügung. Ist so ein Zustand zum Alltag geworden, atmet man immer flacher und kürzer, bis schließlich Körper, Geist und Seele an der Unterversorgung mit Lebensprana krank werden. Genauso ist es bei Gestank oder unangenehmen Gerüchen. Stinkt es in unserer Umgebung, dann erzeugt tiefes Durchatmen Unlustgefühle, weil man beim tiefen Atmen stärker und bewußter riecht. Und da niemand Lust auf schlechte Gerüche hat, fängt man natürlicherweise an, flacher zu atmen. Flaches Atmen aber erzeugt Streß, Angst und Spannung und die damit verbundene Unterversorgung mit Sauerstoff setzt das Leistungsniveau herab. Es passiert also genau das, was wir uns eigentlich nicht wünschen. Und deshalb macht eine vergiftete und stinkende Umwelt nicht nur den Körper, sondern auch die Psyche krank.

Ein Mensch, der nicht mehr atmet, lebt nicht mehr — das wissen wir. Ein Mensch, der nicht mehr gut atmet — der lebt auch nicht mehr gut — das vergessen wir manchmal.

Angenehme Düfte dagegen regen zum Riechen, zum Atmen an. Zur Erholung und Entspannung sucht man sich deshalb Orte aus, die eine Vielfalt an Gutriechendem zu bieten haben. Wälder, Parks, Gärten, oder ein blühender Blumenstrauß bieten Orgien der herrlichsten Wohlgerüche, die uns beleben, entspannen und glücklich machen. Und wohl niemand kann sich an einem Ort erholen, der statt mit angenehmen Gerüchen mit Gestank aufzuwarten hat. Nur Gutriechendes beflügelt unsere Fantasie und Inspiration, nur Gutriechendes weckt die Lebensgeister.

Ätherische Öle – Düfte ganz besonderer Art

Unter den angenehmen Gerüchen sind die ätherischen Öle Düfte ganz besonderer Art. Dadurch, daß sie transformierte Sonnenenergie sind, sind sie Träger eines kosmischen Bewußtseins, das wir mit jedem Atemzug in uns aufnehmen, wobei dann kaum ein Teil unseres menschlichen Wesens unberührt bleibt. Kein Wunder also, daß der Duft schon immer mit dem Göttlichen gleichgesetzt wurde, als Träger des Göttlichen angesehen und wiederum als Gabe für die Götter (auf Altären) vorgesehen war.

Ätherische Öle wirken auch oral eingenommen oder in die Haut einmassiert, doch ihre volle Wirkung im seelisch-geistigen Bereich entfalten sie dann, wenn sie mit dem Atem über die Nase ihren Eingang zu unserem Bewußtsein finden. Und die wesentliche Aufgabe der ätherischen Öle liegt genau in diesem Bereich. Sie »wollen« gerochen werden. Vielleicht nur deshalb sind sie in so wundersam schöner Weise mit dem subtilen Medium Duft ausgestattet.

Aromatische Essenzen öffnen Bewußtseinskanäle.

— Ob wir es merken oder nicht, ob wir es möchten oder nicht — Gerüche, angenehme wie unangenehme, steuern unsere Reaktionen und Emotionen. Machen wir uns diese Wirkungen bewußt, indem wir uns die Natur der Düfte erschließen, ihre Gesetzmäßigkeiten der Wirkung nachempfinden, ihre Effekte entblättern und sie bedacht und gezielt in unsere Aktivitäten des Tages und auch der Nacht integrieren!

So wird das Erleben des Duftes zur eigentlichen Alchemie der Erfahrung, transformiert er unsere Wirklichkeit durch eine Veränderung der Wahrnehmungsfähigkeit: Düfte können Gefühle entfesseln, Gedanken beflügeln, können betören, besänftigen, befreien — Freude machen.

Der Sinn der Sinne — er nimmt uns zurück in die Vergangenheit, führt uns in die Zukunft oder beläßt uns verzaubert in der Gegenwart.

Die ätherischen Öle – Kurzbeschreibung

(Herkunft, Herstellung, Anwendung)

Es gibt unzählige ätherische Öle. Von wirtschaftlichem und medizinischem Interesse sind jedoch nur wenige, die anderen sind deshalb selten und schwierig zu bekommen.

Ich finde aber, daß die Palette dessen, was an natürlichen Aromastoffen üblicherweise im Handel angeboten wird, durchaus ausreicht, um einige Zeit damit zu experimentieren.

Darum beschreibe ich nachfolgend auch nur eine Auswahl ätherischer Öle, mit denen ich gute Erfahrungen sammeln konnte, und die zugleich leicht erhältlich sind.

Ätherische Öle finden sich in den verschiedensten Pflanzenteilen. Wie und wo die Pflanze sie erzeugt, kann man noch nicht in jedem Fall nachweisen. Einzelne Bestandteile des Öls erscheinen, ohne daß man sagen könnte wie sie entstehen, »plötzlich« im pflanzlichen Zellplasma und werden dann zu den Speicherorganen transportiert und dort eingelagert. Nicht zu jeder Zeit ist dort gleich viel eingelagert. Auch dieser An- und Abtransport verläuft nach ganz speziellen, kosmischen Rhythmen. Die Hauptaufgabe der ätherischen Öle ist die Kommunikation: Der Informations-

Blätter/Kraut:
Bohnenkrautöl
Cajeputöl
Eukalyptusöl
Eisenkrautöl
Geraniumöl
Lavendelöl
Majoranöl
Muskatellersalbeiöl
Niaouliöl
Oreganoöl
Patschouliöl
Pfefferminzöl
Rosmarinöl
Salbeiöl
Thymianöl

Blüten:
Jasminöl
Kamillenöl
Neroliöl
Rosenöl
Ylang Ylang-Öl

Blütenknospen:
Nelkenöl

Fruchtschalen:
Bergamottöl
Mandarinenöl

Scheinfrüchte:
Wacholderöl
Fenchelöl

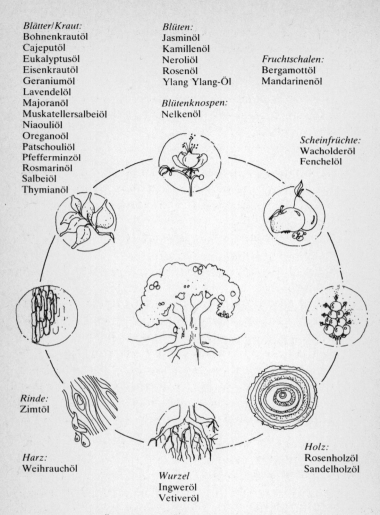

Rinde:
Zimtöl

Harz:
Weihrauchöl

Wurzel
Ingweröl
Vetiveröl

Holz:
Rosenholzöl
Sandelholzöl

**Ätherische Öle sammeln sich
in den verschiedensten Pflanzenteilen**

fluß innerhalb des eigenen Organismus und die Kommunikation mit anderen Systemen. Bis heute hat man folgendes herausgefunden:
1) Aktivierung des eigenen Stoffwechsels
2) Informationsaustausch mit Mikroorganismen
3) Kommunikation mit nachbarschaftlichen Pflanzen
4) Abschreckung von Feinden
5) Aussenden von Sexuallockstoffen.

Es ist kaum überraschend, daß dies, grob betrachtet, genau der Wirkungsbereich ist, in dem auch wir Düfte, eigene (Pheromone) wie fremde (ätherische Öle bzw. Parfüms), einsetzen.

1) Mit ätherischen Ölen können wir unseren Stoffwechsel aktivieren;
2) Sie wirken äußerst bakterizid und z. T. auch insektenabwehrend.
3) Durch ätherische Öle bzw. Pheromone kommunizieren wir mit anderen Menschen, denen wir ganz bestimmte Botschaften zukommen lassen.
4) Wir können mit ätherischen Ölen andere Organismen, wie Bakterien und Viren, abschrecken.
5) Und wir können unseren eigenen Sexualtrieb stimulieren und wir können mit ätherischen Ölen oder Pheromonen auch anderen Lust auf uns machen.

Bei alledem ist eine große, jedoch keine hundertprozentige, Wahrscheinlichkeit gegeben, daß das gewünschte Ziel erreicht wird. D. h. an einem Beispiel ganz konkret: wenn uns jemand einfach nicht »riechen kann«, dann hilft auch unser schönster Sexuallockstoff nichts und auch die ausgeklügelste Duftmischung wird daran nichts ändern können.

Ist aber eine gewisse Affinität vorhanden, dann wird sich durch Düfte noch einiges zusätzlich in Bewegung setzen lassen.

Einen Duft lernt man am besten wohl über die Nase kennen. Will man einen Duft ganzheitlich erfassen, lernt man ihn noch besser kennen, wenn man auch die Pflanze, die ihn aus irdischen wie kosmischen Einflüssen synthetisiert, vor seinem geistigen Auge visualisiert – wenn zum Medium Duft die Anschauung kommt.

So wie es den inneren und den nach außen sichtbaren und wirkenden Menschen gibt, so sind das Wesen, die Essenz der Pflanze, und ihre äußere Form auch zwei Seiten der einen polaren Einheit.

Bergamottöl

Der Bergamottbaum (Citrus bergamia), der selten höher als 4 m wächst, wird heute hauptsächlich im sonnigen Süden Italiens, den Hochtälern Kalabriens und in Westindien – wo man seine Heimat vermutet – kultiviert. Das Öl wird aus kleinen, glattschaligen, hellgelben Früchten gewonnen, die der Form nach Birnen und von der Farbe her eher Zitronen ähneln. Das kostbare Öl wird aus der Schale der noch unreifen Früchte gewonnen. Besonders aus der Kosmetikindustrie ist es wegen seines erfrischenden und wohlriechenden Duftes nicht mehr wegzudenken. In der Parfümindustrie gehört es zu den wichtigsten Ingredienzen. Es ist Hauptbestandteil des aller Welt bekannten Eau de Cologne. Das Bergamottöl stimuliert im Menschen die solaren Energien, es wirkt damit aktivierend und stimmungserhellend. Ihm wird das Element Feuer zugeordnet.

Bohnenkrautöl

Das Öl wird aus dem stark duftenden einjährigen Würzkraut (Satureja hortensis), das kaum höher als 30 cm wird, gewonnen. Die Stengel sind behaart, die kleinen graugrünen Blätter lanzettförmig und mit Drüsenhärchen versehen. Das ätherische Öl hat einen strengen lederartigen Duft und ist von hellgelber Farbe. Es wird meist zum Würzen, weniger in der Parfümherstellung verwendet. Beliebt ist seine aphrodisische Wirkung jedoch bei der Zusammenstellung sinnlicher Duftmischungen. Bohnenkrautöl wirkt anregend auf die Gehirn- und Verdauungstätigkeit. Es aktiviert die Merkur-Energien und ist dem Element Erde zugeordnet.

Cajeputöl

Das Cajeputöl kennt man unter vielen Namen und Schreibweisen, wie z. B.: Kajeput-, Buchsbaum-, oder Silberbaumöl. Es wird aus der Myrtenheide (Melaleuca), die man auch als Kajeput-, Silber-, Weiß- oder Buchsbaum kennt, gewonnen. Wild wächst sie hauptsächlich in Australien und Tasmanien. Es ist bemerkenswert, daß dort neunzig Prozent aller waldbildenden Arten Myrtengewächse sind. Dazu gehört auch der Eukalyptusbaum. Diese immergrünen Sträucher mit ihren lanzettförmigen, heidekrautähnlichen Blättern und schönen Blüten duften sehr aromatisch. Mehrere Arten liefern ein ätherisches Öl, das unter dem Begriff Cajeputöl bekannt ist, z. B. Melaleuca leucadendron (leuca = weiß, dendron = Baum) und Melaleuca minor. Der leicht säuerliche und stechende Geruch erinnert ein wenig an Eukalyptus und Terpentin. Cajeputöl wird einerseits gern Inseketenabwehrmitteln beigegeben, andererseits auch für Parfümeriezwecke genutzt. In der Naturheilkunde werden seine krampflösenden Eigenschaften bei Beschwerden des Atem- und Verdauungssystems genutzt. Das Öl ist klar, farblos oder schwach gelblich, selten durch Kupferspuren auch grünlich gefärbt. Grünes Öl erhält man hier im Handel eigentlich nicht, weil es, gerade im Hinblick auf eine innerliche Anwendung, durch Eisencyanürlösung »entkupfert« wird. Cajeputöl aktiviert Konzentrationsprozesse und hat somit saturnale Energie. Es gehört dem Feuerelement an. Niaouliöl, ebenfalls eine Melaleuca-Art (siehe auch Niaouli), hat allerdings eine andere Energie. Das wegen seines feinen Duftes beliebteste Cajeputöl, das des Melaleuca minor, kommt von den Molukken, den »Gewürzinseln« Indonesiens aus einem gleichmäßig heißen und feuchten Klima.

Eukalyptusöl

Das Öl hat einen eindringlichen, kampferartigen Geruch. Es ist farblos. Der Eukalyptusbaum (Eukalyptus) gehört zu den Myrtengewächsen, von denen es etwa 600 Arten gibt, davon sind die meisten in Australien verbreitet. Eukalyptusbäume werden sehr groß und reichen bis zu einer Höhe von über 100 m (Eukalyptus regnans). Eukalyptusöl wird hauptsächlich aus den Blättern des Blaugummibaumes (Eukalyptus globuls) gewonnen; man nennt ihn seiner bevorzugten, medizinischen Anwendung wegen auch Fieberbaum. Dieser majestätische Baum mit seiner glatten und hellen Rinde hat wechselständige, bläulich schimmernde Blätter, die die außergewöhnliche Fähigkeit besitzen, sich tagsüber bei hoher Sonneneinstrahlung senkrecht in Richtung des größten Lichteinfalls zu stellen, um der versengenden Glut der Sonne so wenig wie möglich Angriffsfläche zu bieten.

In der Nacht drehen sich die Blätter dann wieder in die Waagrechte, um sich vom Tau benetzen zu lassen. Außerdem ist es auffallend, daß Eukalyptusholz schwerer als Wasser ist. Eukalyptus nimmt man bei Fieber- und Erkältungskrankheiten, Zuständen, bei denen sich auch der Mensch vor Sonnenlicht in acht nehmen muß. Die hervorragendste Eigenschaft des Eukalyptusöls ist wohl seine überdurchschnittliche antiseptische Wirkungskraft. Eukalyptusöl unterstützt die Fähigkeiten im Menschen, aus Erfahrung zu lernen, aktiviert somit Saturn-Energie und wird dem Element Erde zugeordnet.

Eisenkrautöl

Eisenkraut (Aloysia triphylla) kommt hauptsächlich in den Tropen und Subtropen wildwachsend sowie kultiviert vor. Es ist ein grasähnliches Kraut mit spitzen langgezogenen »Blättern« und kleinen Blüten. Früher wurde das Eisenkraut in der Naturheilkunde hoch geschätzt, heute ist es aus dem Blick geraten, man kennt es kaum noch. Obgleich gerade sein ätherisches Öl so vorzügliche Eigenschaften aufzuweisen hat. Eisenkraut hat einen frischen, zitronenartigen Duft. Es ist von merkurischer Energie und kann dem Element Erde zugesprochen werden.

Fenchelöl

Fenchel (Foeniculum vulgaris Millefolium) wächst auf trockenem Boden zu einer stattlichen Staude von bis zu eineinhalb Metern heran. In gemäßigten Klimazonen angebaut, enthält er in den Früchten die größten Mengen an ätherischem Öl. Südindische Arten haben einen vergleichsweise sehr geringen Anteil an ätherischen Ölen. Sein Duft erinnert an Menthol und ist ein wenig mit dem von Anis vergleichbar, in größeren Mengen eingenommen wirkt es toxisch. Die Naturheilkunde verwendet Fenchel zum Stimulieren von Stockungen im Stoffwechselgeschehen. Auch nutzt man seine krampflösenden Eigenschaften.

Fenchelöl aktiviert den intra- wie extrazellulären Austausch und ist somit dem Merkur-Prinzip zuzuordnen. Außerdem gehört er dem Luftelement an.

Geraniumöl

Geraniumöl wird aus einer Pelargonienart gewonnen, die zu der Familie der Storchenschnabelgewächse gehört. Die wildwachsenden Strochenschnabelarten (Geranium), die oft sogar einen unangenehm aufdringlichen Geruch verbreiten, haben außer der Familienzugehörigkeit wenig mit den Pelargonienarten zu tun, die für die Gewinnung des ätherischen Öls angebaut werden. Auch die begehrten Zierpflanzen für Balkonkästen sind Bastardzüchtungen der Gattung Pelargonium, die im Volksmund irrtümlich öfters als »Geranien« bezeichnet werden. Für die Destillation des ätherischen Öls sind zwei Pelargonien-Arten von Bedeutung: Einmal das Rosen-Pelargonium (Pelargonium radula), das hauptsächlich in Südafrika, aber auch in südeuropäischen Gebirgsgegenden angebaut wird. Pelargonium radula wächst strauchartig. Die handförmig geteilten Blätter wachsen an weichholzigen Stengeln. Auf den Blattspreiten stehen Borsten- und Drüsenhaare, die in gewissen Rhythmen, aber auch bei Berührung, einen rosenähnlichen Duft verbreiten. Wegen dieses rosenähnlichen Duftes wird es in Südafrika, Südfrankreich, Süditalien und Korsika wirtschaftlich angebaut, und das echte Geraniumöl mittels Wasserdampfdestillation aus dem ganzen Kraut gewonnen. Es ist auch unter dem Namen Reunion-Geraniumöl (auch wenn es nicht unbedingt von der Insel »Reunion«, vor Südamerika, kommt) oder »Rosenöl« im Handel. Weiterhin ist für die Ölgewinnung das Zitronen-Pelargonium (Pelargonium (Pelargonium odorantissimum) von Bedeutung. Wie der

Name schon verrät, duftet es eher nach Zitrone als nach Rose. Beide Öle sind wegen ihres frischen Duftes in der Parfüm- sowie der Seifenherstellung sehr beliebt. Die Naturheilkunde setzt Geraniumöl bei Unterleibs-, Haut- und Nierenbeschwerden ein. Geraniumöl wirkt harmonisierend und wird dem Planeten Venus sowie dem Element Erde zugeordnet.

Ingweröl

Das Ingwergewächs gehört der Familie der bananenartigen Pflanzen mit unzähligen Arten an, deren wesentlichstes Merkmal der kartoffelähnliche knollige Wurzelstock ist. Diese Rhizome vermehren sich vegetativ, dabei entstehen ganze Reihen knollenförmiger Abschnitte. Die Ingwerpflanze hat tatsächlich Ähnlichkeit mit einer kleinen Bananenstaude. Die bekannteste Art ist der Ingwer (Zingiber officinale), auch Ginger genannt. Bevorzugt werden die Handelssorten »Weißer oder Jamaica-Ingwer«, »Bengalischer Ingwer« und »Schwarzer (ungeschälter) Barbados-Ingwer« mit einem blumig nach

Orange und Jasmin duftendem Öl. Das Öl des aus Indien stammenden »Gelben Zitwers« (Zingiber cassumunar und Zingiber zerumbet) hat eine hellgelbe Farbe und einen süßlichen, erfrischenden Duft. Die Industrie benötigt das ätherische Öl ebenso als Likör- wie als Wurstgewürz. Ingwer spielt in der Naturheilkunde, beispielsweise bei Verdauungsbeschwerden, Erkältungen und Rheumatismus eine wichtige Rolle. Parfümmischungen gibt Ingweröl eine interessante frische und spitze Note. Ingwer wird der Venus-Energie und dem Element Feuer zugeordnet.

Jasminöl

Dieses verführend blumig duftende Öl wird aus den Blüten eines Strauches (Jas-minum officinale) gewonnen, der in den tropischen und subtropischen Gebieten der Alten Welt heimisch ist. Die Hauptanbaugebiete seiner großblütigen Varietät (Jasminum grandiflorum) liegen in Südfrankreich in den Departements Var- und Alpes-Maritimes, in Nordafrika baut man ihn in der

Gegend von Tunis an. Auch in Algier wird Jasmin angebaut, doch man hält dort wegen der französischen Überproduktion die Kulturen niedrig. Das Öl wird durch Enfleurage (Aufstreuen der Blüten auf kaltes Fett) gewonnen. Aus der duftenden Pomade, die man daraus erhält, wird der Stoff dann meist mit Hilfe von Alkohol oder Azeton ausgezogen und das Ganze anschließend nochmals gereinigt. Parfümeure achten darauf, ein durch sanfte Enfleurage gewonnenes Öl von nur einer Blütenart zu erhalten. Sehr beliebt ist das »huile antique au Jasmin«. Hier werden die Blüten auf mit Olivenöl getränkte Wolltücher gestreut, die anschließend ausgepreßt werden. Das kupferfarbene Öl aktiviert die wärmenden und öffnenden Eigenschaften der Jupiter-Energie und untersteht dem Element Feuer.

Kamillenöl

Die Echte Kamille (Matricaria chamomilla) wird etwa 30 cm hoch. Sie hat schmale, fiederspaltige Blätter. Unter den gelben Polsterblüten ist ein hohler, kegelförmiger Fruchtboden. Daran sind stahlenartig weiße Blütenblätter angeordnet, die sich nachts und bei Regenwetter in Richtung Erde zusammenfalten. Die Kamille ist eine anspruchsvolle Pflanze, denn sie gedeiht nur auf naturbelassenen, nicht künstlich gedüngten, Böden — auf letzteren verschwindet sie für immer.

Das ätherische Öl wird aus den Blütenköpfen gewonnen, die wegen des enorm großen Bedarfs großflächig angebaut werden, hauptsächlich in den Balkanländern. Geerntet werden die Blütenköpfe nur bei strahlendem Sonnenschein, denn bei feuchtem oder nebligen Wetter sinkt der Gehalt an ätherischen Ölen auf die Hälfte ab.

Der frische bis süßliche Duft des grünlichen Kamillenöls wird dem Mond zugeordnet, es ist von feuriger Energie.

Lavendelöl

Die Gattung Lavendel (Lavandula) umfaßt etwa drei Dutzend Arten, die rund um das Mittelmeer und in Indien beheimatet sind. Die für die Ölgewinnung wichtigste Art ist der Echte Lavendel (Lavandula spika oder Lavandula vera). Das Öl ist farblos und sein Duft herb und frisch. Er gehört zu den »Braven« unter den Düften. Der dichtbuschige Strauch mit seinen graugrünen Blättern, die an der Unterseite etwas heller sind, wird hauptsächlich in Südfrankreich kommerziell angebaut. Etwas rar, aber dafür sehr geschätzt, sind Destillate aus Südengland. Lavendelöl hat eine besondere Affinität zu allen Störungen, die mit nervlicher Überspannung einhergehen und kann hier sehr ausgleichend wirken. Das Öl wird bei Herzklopfen, Hysterie, Krämpfen, Schlaflosigkeit usw. eingesetzt. Seine nervenberuhigenden Effekte sowie die Fähigkeit, den Organismus, auch bei äußeren Verletzungen, zu enorm schnellen Selbstheilungsprozessen zu aktivieren, macht es zu einem Favoriten merkurischer Energie. Es gehört dem Luftelement an.

Majoranöl

Das buschige Kraut (Majorana hortensis) kommt ursprünglich aus Westindien, ist heutzutage aber auch in ganz Europa heimisch. Besonders in den Mittelmeerländern wird der Anbau für kommerzielle Zwecke betrieben. Das farblose Öl wird aus dem ganzen Kraut gewonnen, den vierkantigen Stengeln, den sehr langen Blättern und den weißen Lippenblüten. Der Duft erinnert an eine Mischung von Zitrone und Lavendel. Hervorstechendstes Merkmal ist wohl seine anaphrodisierende Wirkung. Trotzdem wird es bei der Parfümherstellung häufig verwendet. Majoranöl wirkt krampflösend auf Körper und Geist und kann in der Naturheilkunde bei vielen Beschwerden eingesetzt werden, die eine Verkrampfung des Körpers oder einen zu »engen« Geist bzw. ein fixiertes Denken als auslösende Momente zeigen. Das Öl ist somit von merkurischer Energie und wird dem Element Luft zugeordnet.

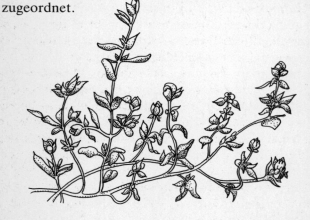

Mandarinenöl

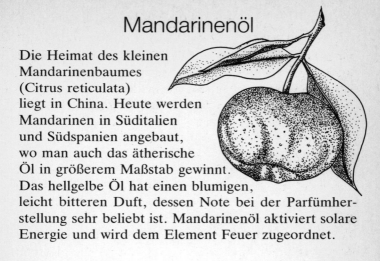

Die Heimat des kleinen Mandarinenbaumes (Citrus reticulata) liegt in China. Heute werden Mandarinen in Süditalien und Südspanien angebaut, wo man auch das ätherische Öl in größerem Maßstab gewinnt. Das hellgelbe Öl hat einen blumigen, leicht bitteren Duft, dessen Note bei der Parfümherstellung sehr beliebt ist. Mandarinenöl aktiviert solare Energie und wird dem Element Feuer zugeordnet.

Muskatellersalbeiöl

Die einjährige Halbrosettenstaude (Salvia sclarea) ist dicht mit krausen Gliederhaaren besetzt, die großen graufilzigen Blätter sind herzförmig, die hellvioletten Blüten sehr klein. Der Muskatellersalbei wächst an trockenen und warmen Felshängen des Mittelmeergebietes und wurde früher auch gerne auf Weinbergen angepflanzt. Das aus dem ganzen Kraut gewonnene farblose Muskatellersalbeiöl hat einen ganz anderen Duft als der offizinelle Salbei. Muskatellersalbei hat ein ausgesprochen süßes und frisches Aroma, das vielleicht ein klein wenig an ein ganz mildes Lavendelöl erinnert, in uns jedoch nicht wie der Lavendel merkurische Energie aktiviert, sondern die harmonisierende,

hingebende Leichtigkeit, die man mit der Venusenergie verbindet. Muskatellersalbei wird dem Element Erde zugeordnet.

Nelkenöl

Das Öl wird aus den noch geschlossenen Blütenknospen des immergrünen Gewürznelkenbaumes (Syzygium aromatikum) gepreßt. Kurz bevor die Blütenknospen aufspringen und sich in leuchtend rote Blüten entfalten, haben sie den höchsten Würzgehalt. Die Öldrüsen sitzen direkt unter der Epidermis des Fruchtknotens und haben einen ätherischen Ölgehalt von etwa 18 %. Das Areal dieses tropischen, bis zu 12 m hoch werdenden, Baumes reicht von Afrika über den indomalaiischen Raum bis nach Mittelamerika. Das brennend scharfe Aroma ist auch für die Parfümindustrie von Interesse. Leider bringt man diesen Duft immer gleich mit Zahnarzt zusammen und somit ist er mit unangenehmen Erinnerungen verbunden, obwohl Nelkenöl gerade hier seine guten schmerzlindernden und seine extrem starken antiseptischen Eigenschaften beweist. Wenn es gut kommt, signalisiert das Erinnerungsvermögen vielleicht auch nur ein übelriechendes Insektenabwehrmittel. Aber man sollte sich nicht vom puren Duft dieses klaren Öls verschrecken lassen. Verdünnt in gewissen Mischungen, kann sogar Nelkenöl verzaubern. Nelkenöl wird dem Mond zugeordnet und gehört dem Element Erde an.

Neroliöl

Neroliöl ist das bekannteste, aus der Pomeranze (Citrus aurantinum) gewonnene, Öl. Sein erfrischend süßes Aroma gehört mit zu den weiblichsten der verzaubernden Düfte. Das Öl ist klar. Die Pomeranze wird auch Sauer- oder Bitterorange genannt, es ist ein kräftiger Baum, der eine Höhe von 5 − 15 Metern erreicht und sehr alt werden kann. Die spitzen Blätter der Pomeranze sitzen auf geflügelten Blattstielen. Man sieht sie im Mittelmeerraum, wo sie wirtschaftlich angebaut werden, ebenso wie an den Südhängen des Himalaya oder auf den westindischen Inseln. Die Pomeranze hat stark duftende Blüten, aus denen sich bitterschmeckende Früchte mit einer rauhen Schale entwickeln.

Das Neroliöl (selten dafür auch Navaöl) wird aus den großen, weißen Blüten der Pomeranze gewonnen. Es ist ein feines und kostbares Öl, in der Parfümindustrie hoch geschätzt und so auch entsprechend teuer. Aus der Pomeranzenfruchtschale wird Bigaradeöl (Bigarade ist die französische Bezeichnung für Pomeranze) gewonnen, von der Qualität her ist es dem aus der Orangenschale gepreßten Orangenöl vergleichbar.

Aus den jungen Trieben und Früchten erhält man ein strenger duftendes, aber nicht weniger beliebtes, Öl, das Petitgrainöl.

Die Hauptanbaugebiete sind Spanien, Sizilien, Südafrika und Indien — entsprechend dem Ursprungsland variiert der Duft ein wenig. Die Orangenblüte hat solare Energie und wird dem Element Feuer zugeordnet.

Niaouliöl

Niaouliöl stammt wie Cajeputöl von einer Myrtenheide, nämlich der Melaleuca viridiflora, einer nahen Verwandten der Melaleuca leucodendron. Der strauchartige Baum wurde Ende des 18. Jahrhunderts auf Neukaledonien entdeckt und gedeiht auf der gebirgigen Insel im feuchtwarmen Klima recht üppig. Das klare dünnflüssige Öl hat einen herb-frischen Duft, der an Pfefferminze mit Kampfer erinnert. Niaouliöl aktiviert Mars-Energie und wird dem Element Feuer zugeordnet.

Oreganoöl

Oregano (Origanum heracleoticum) wächst in ganz Europa wild. Es ist eine bis zu 50 cm hochwachsende Staude mit eiförmigen Blättern und kleinen, rötlichen Blüten. Der bitterscharfe Geruch seines Öls erinnert, in Reinform genossen, eher an altes Motorenöl als an einen Zusatz, den man gerne in der Parfüm- und Seifenindustrie einsetzt. Trotzdem ist es dort ein sehr beliebter Stoff.

Wegen seines ätherischen Öls ist Oregano als Würzkraut besonders geschätzt, wo man eine ölige Küche liebt, wie beispielsweise in Griechenland. In diesem Zusammenhang ist es interessant, daß nicht lange zurückliegende Untersuchungen die cholesterin- und blutfettsenkenden Eigenschaften ganz allgemein bei Oreganoöl erwiesen haben. Ansonsten hat es ähnliche Anwendungsgebiete wie Majoranöl. Oreganoöl ist von graugrüner Farbe. Anders als Majoran, aktiviert Oregano jedoch die Mars-Energie und wird dem Element Feuer zugeordnet.

Patchouliöl

Die Patschoulipflanze (Pogostemon cablin) ist ein zur Familie der Lippenblütler gehörender Halbstrauch. Das rötlich-braune Öl wird aus den langgestielten, eiförmigen Blättern gewonnen. Hauptsächlich angebaut wird die Pflanze in Süd- und Südostasien. Einerseits verwendet man das Öl für medizinische Zwecke, interessant ist dabei besonders seine bakterizide Wirkung, andererseits und überwiegend wird es zur Parfümherstellung verwendet, wo es als Ausgangsstoff für exotisch-orientalisch duftende schwere Parfüms mit an erster Stelle steht und diesen einen »luxuriösen« Charakter verleiht.

Patschouliöl riecht einerseits muffig, andererseits ist es einfach aufregend durch seine süße, fast aufdringliche Komponente. Es ist von solarer Energie und wird dem Element Feuer zugeordnet.

Pfefferminzöl

Abgesehen von Zentralafrika und Südostasien findet man die Pfefferminzpflanze auf der ganzen Welt. Das wichtigste deutsche Anbaugebiet liegt in der Gegend nördlich von München. Die Pfefferminze (Mentha x piperita) vermehrt sich vegetativ durch ober- und unterirdische Ausläufer. In den gestielten, eiförmig behaarten Blättern liegen die Drüsenschuppen mit dem stark duftenden ätherischen Öl. Der Duft von Pfefferminzöl braucht nicht beschrieben zu werden, ihn kennt jeder. Es gibt kaum ein Produkt, das Frische vermitteln oder den Atem verbessern soll und nicht mit Pfefferminze aromatisiert ist. Sein hoher Anteil an Menthol ist für diese Wirkung ausschlaggebend. Diesen frischen, lebendigen Duft in der Nase, wundert es kaum, daß das Öl dem Planeten Merkur zugeordnet werden kann und von luftiger Energie ist.

Rosenöl

Der Duft des leicht grünlichen Öls der Rose gehört mit zu den unverkennbarsten. Er wird mit Wohlgeruch schlechthin gleichgesetzt und außerdem ist er der herrlichste Duft unter den ätherischen Ölen. Rosen (Rosa) werden überall in unzähligen Gärten kultiviert. Das Hauptanbauland für die Ölgewinnung ist aber nach wie vor Bulgarien. Dort destilliert man das edelste und teuerste ätherische Öl aus der Damaszenerrose (Rosa damascena). Ein ätherisches Öl der Roten Rosen (Rosa gallica) kommt aus Nordafrika. Reines Rosenöl ist nahezu unbezahlbar und kommt deshalb in verschiedenen Verdünnungen auf den Markt.

In der Naturheilkunde setzt man es bei Menstruationsbeschwerden und Unterleibsschmerzen ein und auch als Hautpflegemittel.

Die Rose ist von solarer Energie und wird dem Element Feuer zugeordnet.

Rosmarinöl

Der im ersten Moment beißend und bitter wirkende frische Duft des Öls macht schon beim ersten Anschnuppern seinen anregenden Charakter offenbar. Auch schon der immergrüne, bis zu 1,50 m hochwerdende, buschige Strauch verbreitet einen aromatisch-öligen Duft. Rosmarin (Rosmarinus officinalis) wird im ganzen Mittelmeerraum angebaut. Das belebend wirkende ätherische Öl wird per Destillation oder Extraktion aus den Blättern und Blüten gewonnen. In der Naturheilkunde hat es seinen Platz als morgendlicher Muntermacher. Rosmarinöl ist ein hervorragendes durchblutungsförderndes und somit kreislaufstimulierendes Mittel. Die anregende Essenz wird dem Element Feuer zugeordnet und untersteht der Sonne.

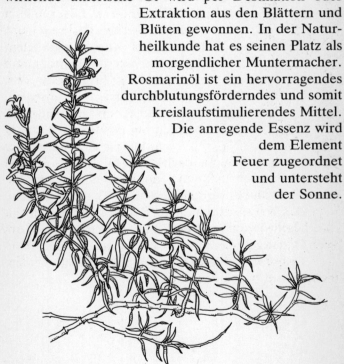

Salbeiöl

Der echte Salbei (Salvia officinalis) ist ein buschiges Kraut, das eine Höhe von 30 − 60 cm erreicht. Die Blätter haben einen wunderschönen graugrünen Schimmer und die Blüten reichen von Hellviolett über Rosa bis hin zu Lila. Salbei gedeiht am besten in warmem Klima auf kargen, kalkigen Böden. Der Gehalt und die Qualität des ätherischen Öls ist je nach Standort und Klima verschieden, ebenso sein Duft. Immer jedoch ist sein Aroma sehr bitter, das sich beim Anbau im Süden verstärkt und nach Norden hin milder wird. Das in größeren Mengen toxisch wirkende Öl dient in starker Verdünnung zur Aromatisierung von Weinen, wird in der Kosmetik für Seifen und Mundwässer verwendet und in der Naturheilkunde zur Behandlung von entzündlichen Erscheinungen im Hals- und Rachenraum, zur Krampflösung und Blutdrucksteigerung. Die aktivierende Mars-Energie und das Element Wasser geben dem Öl seinen Charakter.

Sandelholzöl

Das ätherische Öl stammt vom Sandelbaum (Santalum album), der in Indien (Mysore) und Malaysia beheimatet ist. Das klare, etwas zäh fließende Öl hat einen lieblichen Duft, den man schon nach einmaligem Riechen für immer unverwechselbar im Gedächtnis behält. Sandelholz ist ein ausgezeichneter Stimmungsheber. Der Baum hat immergrüne gegenständige Blätter, die gelbgrauen Blüten verwandeln sich zu kugeligen zitronengelben Steinfrüchten. Der Sandelbaum wächst halbparasitisch, d. h. schmarotzt an fremden Wurzeln. Das aromatische Öl wird aus dem »weißen Sandelholz«, dem Spätholz des Stammes, gewonnen. Sandelholz hat einen venushaften Charakter und kann dem Element Erde zugeordnet werden.

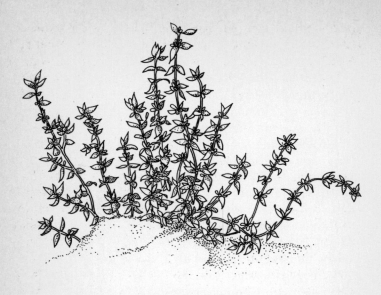

Thymianöl

Das klare dünnflüssige Öl des Thymians hat einen herben, stechenden Duft. Der bis zu 20 m hoch werdende Halbstrauch (Thymus vulgaris) ist im Mittelmeerraum heimisch. Dort wächst er vorzugweise an Felsheiden und in Macchien. Das ätherische Öl wird aus den elliptischen, am Rand gerollten, Blättern destilliert. Der bei uns heimische Feldthymian (Thymius serphyllum) wird nicht so hoch wie die südlicher wachsende Art und ergibt auch nur etwa ein Drittel des Ölgehalts.

In der Naturheilkunde findet Thymianöl Verwendung bei fast allen Beschwerden des Rachen- und Brustraumes, dabei wird es immer nur äußerlich angewendet. In der Parfümindustrie spielt Thymian keine bedeutende Rolle, gewissen Ölmischungen zur Aromatisierung des Raumes kann er jedoch eine kräftige Note verleihen, denn nicht jeder mag es blumig süß.

Das ätherische Öl gehört energetisch dem Planeten Mars und dem Element Erde an.

Vetiveröl

Das rötlich bis leichtbraune Öl ist dünnflüssig und hat einen herb-hölzernen Duft. Zu medizinischen Zwecken ist Vetiveröl hier kaum bekannt, anders natürlich in Indien. Beliebt ist dieser Rohstoff in der Parfümindustrie für würzige Duftkreationen. Die Vetiver (Vetiveria Zinanioides (Andropogon muricatus)) ist ein hauptsächlich in Indien (hier wird es wirtschaftlich angebaut), aber auch auf Burma, Java und Indonesien und den Philippinen heimisches Gras bzw. Unkraut. Es ist eng verwandt mit Zizania, der Ur-Reis-Pflanze bzw. seinen wilden Vorfahren. Aber auch andere Andropogon-Arten werden zur Ölgewinnung gerne kultiviert: Andropogon squarrosus, citratus oder nardus. Bekannt ist Vetiver-Öl auch als Palmarosa- oder Nadenöl.

Vetiver wächst grasähnlich in Büscheln und gedeiht in feucht-warmen Böden am besten. Destilliert wird das Öl aus den Wurzeln, die heute z. T. noch manuell ausgegraben und dann an der Sonne getrocknet werden. Je besser die Wurzeln getrocknet sind, desto größer ist die Ausbeute ätherischer Öle, auch hier sind je nach Anbau und Weiterverarbeitung wieder große Qualitätsunterschiede zu spüren. Vetiver aktiviert Jupiter-Energie und gehört dem Element Feuer an.

Wacholderöl

Der kräftige Duft des Wacholders ist keineswegs lieblich und trotzdem wirkt er warm und entspannend. Gewonnen wird das Öl aus dem Wacholder (Juniperus communis), der praktisch in ganz Europa, Westasien und Nordamerika heimisch ist. Dieser widerstandsfähige, anspruchslose Strauch ist in Höhenlagen auf kargen Böden zu finden. Ein junger Wacholderbaum ist rank und schlank, mit zunehmendem Alter erhält er eine breite ausladende Krone. Aus den weiblichen Blütenständen gehen Zapfen aus Tragblättern hervor, in deren Achseln die Samenanlagen sitzen. Die drei obersten Tragblätter verwachsen zu scheinbeerenartigen Samen. In diesen Zapfenbeeren ist das ätherische Öl enthalten. Schon immer wurde der Wacholder für Räucherungen genutzt. Das ätherische Öl wirkt entwässernd und harntreibend. Wacholder wird dem Planeten Jupiter zugeordnet und hat wässrige Energie.

Weihrauchöl

Der balsamische Duft des Weihrauchs ist wohl den meisten von der Kirche her bekannt. Der Duft ist aggressiv, fast stechend und sanft zugleich — sehr schwer zu beschreiben. Die wichtigste weihrauchliefernde Gattung der Balsambaumgewächse (Burseraceae) ist der Boswellia sacra (Weihrauchbaum). Er ist in Afrika und Indien heimisch. Er, aber auch andere Boswellia-Arten, liefern den Weihrauch (Olibanum). Dieser eingetrocknete Balsam kommt in getropften hellgelben Körnern oder gestückelt in den Handel, ist zumeist aber auch mit anderen Harzen und Drogen vermischt. Balsame werden in besonderen Zellen abgelagert, zum Teil in Hohlräume (Harz-Balsamkanäle) abgesondert oder an der Pflanzenoberfläche ausgeschieden. Meist fließen sie durch äußere Verletzung der Pflanzen aus, wie z. B. durch Schnitte in die Rinde. Das ätherische Öl ist flüssig und klar. Schlägt man in alten Kräuterfibeln nach, findet man eigentlich kaum ein Leiden, bei dem Olibanum nicht angebracht erschien — nur sein damaliger Preis konnte das noch vereiteln.

Weihrauch ist von feuriger Energie und kann den Planeten Saturn sowie der Sonne zugeordnet werden.

Ylang Ylang-Öl

Das ätherische Öl ist von hellgelber Farbe und hat einen ausgesprochen süßlichen Duft mit einem unverkennbaren Aroma. Ylang Ylang kann man mit »Duft der Düfte« übersetzen.

Ylang Ylang ist ein Baum, der zur Gattung der Anonengewächse gehört. Er wird in tropischen Zonen kultiviert. Zur Unterfamilie der Anonoedae gehört der Ylang Ylang-Baum (Cananga odorata), der so intensiv kultiviert wird, daß hauptsächlich er der Ölgewinnung dient. Auch andere Arten liefern ausgezeichnete Öle, allerdings in so geringer Menge, daß man sie hier im Handel nur selten bekommt. Das Öl wird aus den wohlriechenden Blüten destilliert. Bekannt ist auch das Makassaröl, dabei werden die Blüten in Kokosnußöl mazeriert. Ylang Ylang gehört zu den Favoriten der Parfumeure. Wegen seiner beruhigenden und auch blutdrucksenkenden Wirkung verwendet man es in Nerventonika und u.a. auch zur Aromatisierung von Kaugummi. Außerdem zeigt es stark aphrodisierende Wirkungen.

Ylang Ylang wird dem Mond zugeordnet und ist von wässriger Energie.

Zimtöl

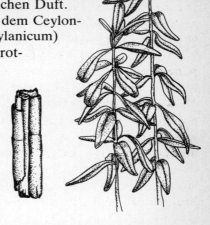

Zimtöl ist klar und dünnflüssig und hat einen warmen, weichen Duft. Das beste Öl wird aus dem Ceylonzimt (Cinnamonum ceylanicum) durch Destillation der rotbraunen Innenrinde der Zweige gewonnen. Der Zimtbaum hat oval abgerundete, gegenständige Blätter, die etwa 10 cm lang werden. Seine Blüten sind weiß; er gehört zur Familie der Lorbeergewächse. Den stärksten Ölgehalt haben die dünnen inneren Rindenschichten, die für den Gebrauch in der Küche auch zu Zimtstangen gerollt in den Handel kommen. Auch aus den Blättern wird ein ätherisches Öl destilliert, das Zimtblattöl, das aber nicht den intensiven Duft des Rindenöls aufweist. Das Rindenöl wird in der Parfüm-, das Blattöl in der Seifenindustrie verwendet. Unter dem Namen Zimtöl erhält man zumeist jedoch nur das Zimtblattöl. Ceylon exportierte 1954 beispielsweise etwa nur 760 kg Zimtöl, aber 70 t Zimtblattöl. Auch das chinesische, schwächer duftende Zimtöl, das aus der Zimtkassie (Cinnamonum aromatikum) gewonnen wird, wird häufig angeboten, ebenfalls unter dem Namen Zimtöl. Zimtöl hat lunare, wärmende Energie und kann dem Element Wasser zugeordnet werden.

Duftlampe zur Wohnraumaromatisierung mit ätherischen Ölen.

Düfte – aus der Duftlampe

Ätherische Öle sind hochwirksame Drogen. Im richtigen Maß verwendet, sind sie antitoxisch, im Übermaß aber wirken sie toxisch. Die genaue, ärztlich angeratene, Dosierung und eine Begrenzung der Einnahmedauer muß, besonders bei innerlicher Anwendung (die hier aber nicht beschrieben wird) der Essenzen, wirklich streng beachtet werden. Für die Aromatisierung eines 50 Kubikmeter großen Raumes mit der Duftlampe (entspricht einem durchschnittlich großen Schlafzimmer) genügen 3 bis 10 Tropfen. Das Öl wird in die mit Wasser gefüllte Duftschale getropft. Die genaue Dosierung hängt unter anderem auch von der Flüchtigkeit der Öle ab. Von Rose, Jasmin, Ylang Ylang, Geranium, Muskatellersalbei, Neroli oder Weihrauch wird man wesentlich weniger benötigen als von Eukalyptus, Rosmarin, Bergamotte oder Kamille beispielsweise. Inhaliert man zuviel einer Essenz, können Kopfschmerzen und Übelkeit auftreten. Größere Mengen oral eingenommen, beispielsweise Geranium, können sogar tödlich wirken. Aber, um keine Angst zu erzeugen: es gibt nichts, was nicht Gift ist – einzig und allein auf die Menge kommt es an. Trotzdem ist es ratsam, folgende Kontraindikationen zu beachten:
Zu langes oder zu starkes Inhalieren von:
Anisöl: kann zu Benommenheit/Übelkeit führen.
Eukalyptusöl: kann zu Übelkeit führen.
Fenchelöl: kann zu Benommenheit führen.
Salbeiöl: kann zu Problemen beim Stillen führen.
Thymianöl: kann zu Schweißausbrüchen führen.

Die Seele der Pflanze berührt die Seele des Menschen

Ätherische Öle beeinflussen unsere Emotionen, Aktionen und Reaktionen dann am meisten, wenn wir sie über den Atem, mit dem Äther, aufnehmen. Dabei hat jede Essenz einen ganz bestimmten, unverwechselbaren Charakter, nach dem man sie der einen oder anderen Wirkungsgruppe zuteilen kann. Trotzdem kann man damit noch keine ganz eng umrissenen Reaktionen festlegen, die sie mit Sicherheit auslösen werden. Es ist eigentlich genauso wie bei uns selbst: Man kann sich und andere bestimmten bestehenden Klassifizierungen zuordnen, wie beispielsweise Phlegmatiker, Melancholiker, Sanguiniker oder Choleriker — oder, entsprechend der Geburtszeit in hitzige Löwen, eigenwillige, ehrgeizige Steinböcke, dominante, harmoniebedürftige Waagen ..., oder in Extrovertierte oder Introvertierte usw.

Aber immer wieder wird man auch einen Introvertierten explodieren oder einen Sanguiniker verwirrt und aktionsmüde in der Ecke sitzen sehen.

Ebenso lassen sich Aromen klassifizieren, in ihrer Wirkung aber nicht hundertprozentig genau festlegen. Eine stimulierende Essenz wie Muskatellersalbei kann zugleich auch sedierend wirken. Es hängt einmal von der inhalierten Menge, aber auch von dem ganz persönlichen Zustand desjenigen ab, der die Düfte aufnimmt. Insofern ist die »Aromatherapie durch die Nase« mit dem ayurwedischen System der altindischen Naturheilkunde vergleichbar. Auch da können Aussagen über die Wirkweise bestimmter Nahrungsmittel (=Heilmittel) gemacht werden, allerdings immer unter der Einschränkung der individuellen Anwendbarkeit. Dabei werden drei grundlegende Konstitutions-Typen (Rajas/Tamas/Sattwa) angenommen, die aber nicht in Reinform bei einem einzelnen auftreten, sondern immer nur in Kombinationen zu unterschiedlichen Anteilen aus diesen drei Typen. Welchen ganz genauen Anteil man prozentual jeweils an einer bestimmten Konstitution hat, läßt sich aber immer nur für bestimmte Zeitpunkte bestimmen, weil jeder Mensch kontinuierlich in Veränderung begriffen ist.

Auch Essenzen lassen sich auf diese Weise in energetische Wirkweisen einteilen. Konkret kommt es dann aber immer noch darauf an, wie jemand, wenn er sich mit den Essenzen umgibt oder auch konfrontiert, gerade »drauf« ist. Die Essenz auf der einen Seite, der individuelle Mensch auf der anderen. Hier öffnet sich ein Feld unbegrenzter Möglichkeiten, Möglichkeiten für uns, ätherische Öle, ganz auf uns und unsere bestimmte Situation zugeschnitten, einzusetzen.

Hier kann und muß jeder Erfahrungen sammeln. Die folgenden Klassifizierungen der ätherischen Öle sind also ganz in diesem Sinne zu verstehen. Ich habe damit meine eigenen Erfahrungen gemacht, habe die Pflanzen kennengelernt und anderen zugehört, wenn sie von ihren Erfahrungen erzählt haben. Langsam hat sich ein immer deutlicheres Bild vom »Charakter« der einzelnen Essenzen entwickelt, haben sich bestimmte

Bezüge zu Körperzentren und zu ganz bestimmten geistigen und emotionalen Zuständen herauskristallisiert und ihre Anwendung in der täglichen Praxis bewährt. Das heißt aber nicht, daß beispielsweise Eisenkraut (ein die mentale Aktivität aktivierendes Kraut) einen bei geistiger Arbeit unterstützen muß, wenn man dieses Öl einfach »nicht riechen kann«. Sein Duft kann dann gerade hinderlich sein, zerstreuen und einen schließlich nach inspirationslosen Stunden unzufrieden zurücklassen. Man sollte also immer auch nach der eigenen Nase gehen. Denn unsere Nase weiß — spätestens nach einiger Übung — recht genau, was uns gut tut, hilfreich und unterstützend ist.

Essenzen – transformierende Energien

Ätherische Öle sind transformierte Sonnen- und Planetenenergien. Somit können sie Einfluß auf unser Bewußtsein nehmen, bzw. auf verschiedene Bewußtseinsebenen in uns, die lebensnotwendige Fähigkeiten repräsentieren. Auch wenn man diese Ebenen übereinanderliegend lokalisieren kann, wie beim System der Chakren, kann man die eine oder die andere Ebene nicht als minder oder besser charakterisieren. Denn, ist auch nur eine Fähigkeit blockiert, werden alle anderen Ebenen mit ihren entsprechenden Fähigkeiten davon auch in Mitleidenschaft gezogen.

Somit ist unser Bewußtsein so etwas wie eine innere Pflanze, die in Übereinstimmung mit der Entwicklung unserer Fähigkeiten wächst.

Da Bewußtsein nichts anderes als Energie, Lebensenergie, ist, braucht es die Transformation – die einzig mögliche Form zur Erhaltung von Energie.

Je mehr Energie wir haben, desto ausgefüllter und glücklicher fühlen wir uns. Energie gibt uns die Kraft zu erkennen, was wir tun wollen, Bewußtsein gibt uns die Möglichkeit zu entscheiden, wie wir es tun können. Werden wir uns unserer Energien bewußt, können wir die Welt verändern – oder es in bewußter Absicht auch nicht tun.

Essenzen wirken in uns, weil ihnen das Prinzip der Energie-Transformation eigen ist. Essenzen sind solch geballte Energie, daß wir sie in reiner Form überhaupt nicht genießen können: Unverdünnt auf die Haut aufgetragen, würden sie zu Rötungen und unangenehmen Begleiterscheinungen führen. Wir können sie auch nicht oral pur zu uns nehmen, ihr Aroma ist so intensiv, daß es uns abstoßen würde, uns würde sogar schrecklich übel werden. Aber: wenn wir ihnen die Möglichkeit geben, sich zu verflüchtigen, entfalten sie ihr ätherisches Wesen in verzauberndsten Düften und wirken auf unser Bewußtsein, auf unser ätherisches Wesen ein.

Dort aktivieren sie unsere grundlegenden Bewußtseinskräfte:
1) Empfindungskraft
2) Wahrnehmungs- und Ausdruckskraft
3) Beziehungs- und Liebesfähigkeit
4) Identitäts- und Handlungsfähigkeit

Wenn wir unser Bewußtsein in Liebe mit den Pflanzen verbinden, werden wir durch sie mit kosmischen Kräften genährt.

5) Willens- und Aktionsfähigkeit
6) Sinnfindungskraft
7) Verantwortungsfähigkeit.

Empfindungsfähigkeit ist das erste, womit der neugeborene Mensch ausgestattet ist. Es ist eine sehr grundlegende Fähigkeit, denn erst wenn wir empfinden, können wir wahrnehmen. Wenn wir wahrnehmen, möchten wir uns auch ausdrücken. Die Beziehungs- und Liebesfähigkeit ist dann eine Grundvoraussetzung zur Identitätsfindung, erst wenn wir diese gefunden haben, sind wir wirklich handlungsfähig, indem wir unserer Identität durch gewollte Aktionen Ausdruck verleihen. Aktionen nur aus dem Ich-Gefühl heraus wären auf die Dauer enttäuschend, so müssen wir einen Sinn finden in dem, was wir tun. Sobald wir den Sinn erkennen, erwächst daraus Verantwortung. Und hier schließt sich der Kreis zu einer sich nach oben drehenden Spirale: Verantwortungsfähigkeit steigert unsere Empfindungsfähigkeit, je mehr wir empfinden, desto stärker nehmen wir wahr ...

Essenzen können unsere Begleiter auf dieser Spirale werden.

Essenzen zur Transformation der Empfindungskraft

– Lunare Energie –

Das Basiszentrum ist der Bereich der lunaren, der in sich selbst bewegten, Energie. Wenn wir uns mit Düften dieser Energieform umgeben, geben wir einen Teil unserer eigenwilligen Persönlichkeit auf, akzeptieren die Prozesse des Werdens und Vergehens. Dazu gehören alle Empfindungen. Sie entbehren ebenso wie die lunare Energie jegliche Starre.

Empfindungen können nicht eingefroren, nicht festgehalten werden – es sei denn in der Erinnerung.

Macht man den Versuch, sich auf eine bestimmte Empfindung zu konzentrieren, wird sie unweigerlich an Kraft verlieren. Die Empfindung der Liebe beispielsweise läßt sich nicht festhalten. Sie muß jeden Augenblick neu erschaffen werden, um lebendig zu bleiben. Deshalb will man mit den Menschen, die man liebt, auch zusammensein oder will sich mit liebgewordenen Dingen umgeben.

Lunare Düfte verführen uns, uns dem Strom des Lebens, dem fortwährenden Austausch von Kräften, hinzugeben. Mit ihnen öffnen wir uns den eigenen kraftgebenden Einflüssen des Unterbewußtseins ebenso wie für Eindrücke und Inspiration, die von außen, durch andere Menschen oder durch Naturerleben auf uns zukommen. Phantasie und schöpferische Kreativität werden angeregt. Beim Komponieren, Malen und Dichten können wir die beseelende Kraft dieser Düfte besonders gut gebrauchen.

Es gibt aber auch Momente im Leben, in denen zu viele Eindrücke aus dem Unterbewußten oder auch von außen auf uns zukommen – unsere Seele wird förmlich überschwemmt. Panik und Verwirrung können entstehen, wenn diese Eindrücke nicht richtig verdaut werden können. Dann sind wir mit den Schattenseiten der lunaren Energie konfrontiert, es fällt schwer, Entscheidungen zu treffen und die wahre Natur unserer Empfindungen zu erkennen — nämlich, daß sie vergänglich sind — und wir fühlen uns den Stimmungen des jeweiligen Augenblicks ausgeliefert. Auch hier können lunare Düfte helfen, unseren eigenen Rhythmus wiederzuerkennen und zum Gleichgewicht zurückzufinden.

Ylang Ylang-Öl

Das hellgelbe Öl mit dem wunderbar süßlichen Aroma erweckt in uns Gefühle der Vertrautheit und Geborgenheit. Wir können uns öffnen, loslassen und entspannen, als ob wir mit ausgebreiteten Armen in ein samtweiches Wolkenkissen fallen, als ob ein mütterlicher Schoß uns geborgen hält. Da können sich alle Blockaden öffnen, denn wo vorher noch Grenzen waren, ist nun eine weite herrliche Landschaft, die dazu einlädt, immer weicher und weiter zu werden. Wenn wir beispielsweise enttäuscht und daher zornig waren, wird Ylang Ylang-Öl diese Gefühle besänftigen, weil wir unter seine Energie spüren, daß wir fixiert waren, an fixen Vorstellungen hafteten und unseren »Geist« zu eng gemacht haben. Ylang Ylang-Öl macht uns wieder weit, und so wird der Zorn vielleicht Empfindungen von Trauer oder Enttäuschung weichen, Tränen können fließen ...

Wenn wir seine Energie transformieren, werden wir uns entspannen. Unsere Sinne werden feinfühliger und es entsteht ein Bedürfnis, sich zu verschenken, zu geben, zu lieben und zu empfangen. Die aphrodisische Wirkung des Öls hat in dieser lustvollen Entspannung ihren Ursprung. Dieser herrliche Duft kann soweit entspannen, daß die Wirkung polarisiert wird und man euphorisch wird. Der sinnliche und exotische Duft von Ylang Ylang paßt ausgezeichnet ins Schlaf- oder Badezimmer und kann ebensogut bei künstlerischen Arbeiten inspirieren, weil es den Kanal zu Kraftquellen des Unterbewußtseins öffnet.

Kamillenöl

Das hellgelbe bis grünliche Öl hat einen frischen, leicht süßlichen Duft, es erinnert an Heim, Familie und Geborgenheit, weil wir den Duft in diesem Zusammenhang kennengelernt haben – ein beruhigender Duft. So beruhigend wie eine allgegenwärtige, liebende und umsorgende Mutter.

Sind wir aufgewühlt oder niedergeschlagen und depressiv, dann wird uns Kamillenöl das Gefühl geben, daß es da etwas gibt, was uns besänftigt, unsere inneren Schmerzen lindert, und daß wir diese Kraft in uns selbst finden können, indem wir bereit sind, mit uns selbst zu empfinden. Kamillenöl wirkt entspannend, beruhigt die Nerven und stimuliert zugleich. In dieser ruhigen und angeregten Atmosphäre wird es möglich, gemachte Erfahrungen wirklich und gründlich zu verdauen. Kamillenöl hilft deshalb auch bei Überempfindlichkeit der Nerven. Wir reagieren mit Streß-Symptomen, wenn zu viel auf uns zukommt, mehr als wir verdauen können.

In einer beruhigenden und entspannten Atmosphäre können wir mehr an uns herankommen lassen, ohne mit Abwehr (Streß) zu reagieren — wie ein überforderter Magen. Aber auch bei solchen Verdauungsproblemen hilft die Kamille.

Zimtöl

Wenn Kälte oder Erstarrung für uns zum Problem werden, kann Zimtöl mit seiner wärmenden und erweichenden Energie helfen — Zeiten, in denen winterliche Kälte alles erstarren läßt, eisige Winde über kahle Landschaften fegen und alles mit sich tragen, was nicht aus eigenem Antrieb der durchdringenden Energie scharfer kalter Winde zu trotzen vermag. In diesen Tagen fühlt auch der Mensch das Bedürfnis, sich in die schützende Geborgenheit einer gemütlichen warmen Wohnung oder in ein harmonisches Familienleben zurückzuziehen, um Wärme zu tanken und Geborgenheit zu erfahren. Zimtöl kann dann eine Atmosphäre verbreiten, die uns in eine Stimmungslage bringt, in der auch wir Wärme und Geborgenheit geben und nehmen können.

Schon der Duft ruft unweigerlich Erinnerungen an die Kindheit und weihnachtliche Vorfreuden hervor. Das Fehlen äußerer Wärme, und weite schneeverschneite Landschaften verlocken uns, die äußere Welt als Leinwand für unsere inneren Bilder zu sehen. Sie inspiriert uns, in den Tiefen unserer Seele auf Entdeckungsreise durch eine archetypische Bilderwelt zu wandeln und sie nach außen zu projizieren. Der Duft des Öls wirkt in genau dieser Weise. Wenn wir unseren Schlafraum mit Zimtöl aromatisieren, werden wir Traumbilder aus der Tiefe der Seele herauflocken. Naturkräfte wie Feen und Elfen werden erlebbar, sie können uns in Träumen erscheinen oder ihre Anwesenheit kann uns durch den Anblick der Naturgewalten offenbar werden. Im Körper löst Zimtöl Verkrampfungen und veranlaßt die körpereigenen Abwehrkräfte zu erhöhter Aktivität. Es durchwärmt den ganzen Organismus und regt den Kreislauf an. Der Duft des Öls kann aber auch erotisch stimulierend wirken. Er tut es allerdings in sehr sanfter, gefühlvoller Weise, die einer weichen, warmen weiblichen Energie sehr gleichkommt. Vielleicht sind Zimtölparfüms deshalb gerade bei Frauen so beliebt. Zimtöl verbindet sich in Parfums besonders gut mit Zitronen- oder Ingweröl.

Nelkenöl

Von den lunaren Düften hat Nelkenöl den stärksten Bezug zur materiellen Ebene. Eine noch so starke innere Kraft bleibt wirkungslos, wenn sie sich nicht auch im Wandel der äußeren Einflüsse behaupten kann.

So können wir mit diesem Duft akzeptieren lernen, daß auch die von uns geschaffenen Dinge oder Weltanschauungen, die wir in unser Leben »integriert« haben, dem Wandel des Entstehens und Vergehens unterliegen. Unser innerer Friede wird in gleichem Maße zunehmen wie unsere Fähigkeit, ohne Verbitterung Abschied zu nehmen und uns für die Möglichkeiten des Neuen zu öffnen. Ob wir uns nun von liebgewordenen Möbelstücken, einem Bild oder auch nur von einem Kleidungsstück trennen müssen oder wollen, Nelkenöl wird die Bereitschaft dazu fördern — und somit Raum für anderes schaffen.

Bestimmte Schmerzen, besonders im Kopf, entstehen durch ein Nicht-loslassen-wollen. Zuviel Energie wird in das Festhalten an oder von Gedanken investiert und Schmerzen sind die Folge. Auch dann hilft Nelkenöl, es entspannt die Nerven und erleichtert somit den Schmerz.

Da der pure Duft des Öls sehr streng riecht, verbindet man es am besten mit einem oder mehreren anderen Ölen. Bergamotte, Ingwer, Thymian, Jasmin und Weihrauch passen sehr gut. Man nimmt pro Duftlampenfüllung nur 1 bis 2 Tropfen Nelkenöl.

Essenzen zur Transformation der Wahrnehmungs- und Ausdruckskraft

– Merkur-Energie –

Merkurische Energie hat eine Eigendynamik wie sonst keine andere Planetenenergie. Sie ist jedoch überhaupt nicht zielgerichtet, sondern gleicht ganz und gar einem Perpetuum mobile, dessen einziger Sinn und Zweck die sich selbst regenerierende Energie ist. Stillstand wird nicht geduldet. Hier werden Informationen weitergegeben: in der einzelnen Körperzelle, im Zellverband, in Organsystemen, im ganzen Organismus, zwischen Geist, Körper und Seele. Aber einen anderen Sinn, als ein Diener dessen zu sein, was verbunden, übermittelt oder ausgetauscht werden soll, eine eigene Mission oder die Fähigkeit, eigene Ziele vorzugeben, das gibt es hier nicht.

So sind auch die Essenzen, die durch diese Energie geprägt sind, sie können sich nur in den Dienst von anderen oder anderem stellen. Gedankenströme, Kommunikation und Information sind die Bereiche, in denen sie ihre Wirkungen am besten entfalten können: die schnelle Übermittlung von Signalen des Nervensystems. Sie sorgen dabei für die Geschwindigkeit der Übermittlung, nicht für den Inhalt, der wird von anderen vorgegeben. Ein schneller Informationsfluß ist lebenswichtig. Nur wenn die Signale vom Gehirn weg und dorthin zurück fließen, können wir in den unterschiedlichsten Lebenssituationen adäquat handeln: beispielsweise rechtzeitig auf die Bremse treten, sofort das passende Wort auf der Zunge haben, schnell genug kombinieren usw.

Auf der anderen Seite ist es genauso lebenswichtig,

all diese Funktionen auch zur Ruhe kommen zu lassen. Ein unaufhörlicher Drang zu handeln, oder Gedanken, die nicht abreißen wollen, können uns Kraft nehmen, vielleicht handlungsunfähig machen, aber auf jeden Fall verwirren. Eine Energie, die wir zu unserem Wohl in unseren Dienst stellen sollten, wird uns dann ohne eigentliches Ziel weitertreiben. Es scheint dann, als würden nur noch äußere Umstände unser Denken und Handeln bestimmen, obwohl nur wir selbst es sind, die die Zügel losgelassen haben.

Sobald es Ziele gibt, wenn wir Ideen entwickeln und Aufgaben sehen, werden die merkurischen Essenzen Pfefferminze, Eisenkraut und Bohnenkraut Informationen in uns und zu anderen fließen lassen, um sie umzusetzen. Wenn wir einen Text verfassen, werden uns die passenden Worte kommen, beim Schreiben wird unsere Feder flinker über das Papier geführt, wir können schneller, präziser und klarer telefonieren ... Organisatorische Aufgaben im Büro beispielsweise werden flotter von der Hand gehen, Konferenzen effektiver verlaufen. Auch im kreativen Bereich werden uns schneller Möglichkeiten zur Umsetzung unserer Vorstellungen einfallen, können wir anderen diese Vorstellungen schneller vermitteln bzw. kann der Gesprächspartner sie besser nachvollziehen – Kommunikation in uns wie mit anderen wird erleichtert.

Und Fenchel, Lavendel und Majoran helfen da, wo merkurische Energie herrscht anstatt zu dienen. Dann quälen uns fixe Gedanken, oder Gedankenfluten lassen uns nicht entspannen, sondern treiben uns weiter von einer Sache zur anderen – wie ein mit Hochgeschwindigkeit durch die Landschaft rasender Zug.

Kaum, daß wir ein Detail richtig wahrnehmen konnten, erhaschen wir schon das nächste und kaum gesehen, ist auch das schon wieder vorüber. Haltestationen, zum Orientieren, zum Richtungändern kennt diese aufgeputschte Energie dann nicht. Und doch ist Ruhe in der treibenden Flut das einzige, das etwas zu ändern vermag. Hier kann merkurische Energie nur mit merkurischer Energie überwunden werden. So läßt uns Lavendel beispielsweise entspannenden Schlaf finden, um uns am anderen Tag mit neuer frischer Kraft der Analyse unserer Situationen zu widmen. Dann können wir beispielsweise beginnen, uns dienende von destruktiven Erfahrungen zu unterscheiden, dann wird unser mentaler Verstand durch eine sinnvolle Auswertung von Informationen an Klarheit gewinnen — und wir an Lebensfreude.

Eisenkrautöl

Das »zitrus«-frische, leichte Aroma des Eisenkrauts ist sozusagen die Königin unter den merkurischen Düften. Alle anregenden Merkur-Öle beschleunigen mentale Prozesse, doch Eisenkrautöl hält sich an einsamer Spitze.

In einem mit Eisenkrautöl aromatisierten Raum denkt und kombiniert es sich einfacher als irgendwo sonst. Ideen werden dadurch zwar nicht geschaffen, können jedoch viel zielgerichteter zum Ausdruck gebracht werden. Deshalb eignet sich Eisenkrautöl besonders für Menschen, die kaum wissen, welche ihrer Ideen, Pläne und Initiativen sie zuerst angehen sollen. Manchmal fast wie gelähmt durch die Flut der Möglichkeiten, die offenstehen oder durch die vielen selbstgeschaffenen Aufgaben, die anstehen, gibt dieser Duft den Anstoß, sich für eine bestimmte Zeit auf eine Sache zu konzentrieren, eine Aufgabe zu lösen. Er steigert dabei die Kombinationsfähigkeit, so daß es leicht fällt, damit schnell und zügig vorwärtszukommen. Bei der Planung einer Studien-Reise beispielsweise wird man dann innerhalb kürzester Zeit aus einer Fülle von Informationsmaterial die für die Realisierung der eigenen Vorstellungen günstigsten Angebote herausfinden und eine optimale Reiseroute festlegen können. Daß dabei keine wichtige Sehenswürdigkeit ausgelassen und das Ganze obendrein hoch erholsam und kostengünstig ist, versteht sich von selbst. Dieser Duft verhilft den in jeder Beziehung nach Perfektion Strebenden vielleicht nicht zur totalen Perfektion — ganz sicher aber zu einem Optimum — im Rahmen der jeweils durch Zeit und Raum begrenzten Möglichkeiten.

Lavendelöl

Wenn Eisenkrautöl der König unter den merkurischen Düften ist, dann ist Lavendelöl die Königin. Eisenkraut aktiviert männliche Energie, das Helle, Dynamische, Öffentliche, nach außen Gerichtete. Dagegen ist

Lavendelöl warm, dunkel, entspannend, ganz auf innere Vermittlungsprozesse ausgerichtet.

Lavendelöl ist der Lichtbringer für die Schattenseiten merkurischer Energie. Wenn das Nervensystem übererregt ist, unsere Neurotransmitter auf Hochtouren nur noch im Kreis laufen, dann verbreitet dieser Duft wohltuende Entspannung, dämpft dort, wo zu viel Erregung Schmerz erzeugt, nicht nur seelisch, sondern auch ganz konkret körperlich. Jeder hat bestimmt schon einmal erlebt, daß bohrende Gedanken stärkste Kopfschmerzen erzeugen können oder verkrampfte, schmerzende Schultern. Hier hilft Lavendel, denn er setzt dort an, wo der Schmerz seinen Ausgang nimmt, am überstrapazierten Nervensystem. Es ist die merkurische Energie, die mit unglaublicher Geschwindigkeit die Information »Entspannung!« in alle Bereiche trägt. Wenn Sorgen unser Denken fixieren, wenn freudige oder sehr traurige Anlässe uns nicht loslassen, wird Lavendelöl die nötige Erleichterung bringen.

Obwohl der Lavendelduft keinesfalls in jeder Situation müde macht, ist er durch seine tonisierende Wirkung eine ausgezeichnete Einschlafhilfe. Seinem beruhigenden Einfluß kann man sich nicht entziehen.

In Duftmischungen (die bekannteste ist Kölnisch Wasser) bekommt Lavendel eine ganz spritzige Note, für sich alleine verbreitet er jedoch eher eine jungfräuliche Atmosphäre, die Sauberkeit, pedantische Ordnung und eine übergewichtige Ratio suggeriert. Es ist keineswegs ein Duft fürs Schlafzimmer, ausgenommen natürlich der Wäscheschrank — wenn man die Türen fest verschließt —, wo sich solch eine Atmosphäre optimal entfalten kann. Kombiniert man für das Schlafzimmer Lavendel jedoch mit Bohnenkraut, können gewisse Gelüste allerdings nicht ausgeschlossen werden.

Bohnenkrautöl

Ebenso wie Lavendelöl ist Bohnenkrautöl ein lösender, entspannender Duft. Bohnenkrautöl entspannt allerdings nicht um der Entspannung willen, sondern um eine ausgeglichene Grundstimmung für neue, innovative Tätigkeiten oder Initiativen zu schaffen.

Oberflächlich gesehen wirkt es entspannend, im Grunde ist es jedoch ein äußerst aktivierender Duft. Er regt den Intellekt an. Schwierige Aufgaben lassen sich leichter lösen: Hat uns beispielsweise die vergebliche Mühe, eine schwierige mathematische Gleichung zu lösen, geistig müde gemacht, kann Bohnenkraut einen erneuten mentalen Energieschub auslösen. Und wir können, obwohl wir es schon fast aufgegeben hatten, doch noch zu einer ausgezeichneten Lösung finden. Bohnenkrautöl aktiviert unsere intellektuelle Ausdruckskraft. Diese gesteigerte Leistungsfähigkeit macht sich aber nicht nur im Kopf, sondern auch in der Sexualität bemerkbar. Es regt die Lust auf Lust an. Natürlich wird uns diese Lust keine Hilfe beim Lösen von Gleichungen sein, deshalb müssen wir sehr genau auf den »turning-point« achten, der die Leistungskraft von den oberen nach den unteren Energiezentren verlagert. Ganz grob kann man sagen, 3 bis 4 Tropfen auf eine Duftlampe werden den Intellekt stimulieren, mehr hat dann eher ein »Weniger« zur Folge.

Viele Öle sind in ihrer Anwendung sehr differenziert, d. h., lassen meist zwei ganz unterschiedliche Wirkungen zu — wie auch Sandelholz, daß entspannend und euphorisierend zugleich wirkt. Welche Wirkung dann dominiert, hängt sehr von der ganz persönlichen Stimmung ab.

Pfefferminzöl

Wenn der Atem das Tor zum Bewußtsein ist, dann ist Pfefferminzöl ein bedeutender Schlüssel, um dieses Tor zu öffnen. Der frische, belebende mentholschwangere Duft öffnet die Atemwege so schnell und nachhaltig wie kaum ein anderes Öl. Wie einen gebändigten, unter Kontrolle gebrachten Tornado, kann man diese bewegende Kraft nutzen, Dinge zu versetzen, Schlakken in den Atemwegen herauszuheben und Bewußtseinskanäle wieder freizulegen.

Wenn wir mit mentalen Aktivitäten förmlich steckenbleiben, unser Kopf sich zu und dumpf anfühlt oder wir von einer Sache die »Nase voll haben«, dann kann ein kurzer tiefer Zug an der Pfefferminzölflasche den entscheidenden Kick geben, um wieder frei zu werden: Die Gedanken kommen erneut in Gang, ein eingeschlafenes Interesse wird wieder wach und der Kopf frei für Inspiration jeder Art.

Fenchelöl

Fenchel gehört zu den weiblichen Merkur-Düften und aktiviert ganz besonders mütterliche Energie. Schon sein Duft erinnert an Kindheit, Umsorgtsein, Schutz und Trost, der bei einer liebenden, fürsorglichen Mutter gefunden werden kann. Tatsächlich hat Fenchel eine große Affinität zu Kindern und Müttern. Er hilft Kindern bei kleinen Wehwehchen wie Bauchschmerzen, Husten, Schnupfen und leichten Infekten — denn er wirkt krampflösend, blähwidrig und antibakteriell.

Und er unterstützt bei stillenden Müttern die Milchbildung. Wer Fenchel riecht, möchte sich hingeben, einer Sache oder einem Menschen, indem er sich ganz und gar für die Bedürfnisse des anderen öffnet und dann so für den anderen genau das tun kann, was er braucht. Zu sehen, was andere brauchen, setzt voraus, daß man auch weiß, wie man sich selbst dienen kann. Wer gut zu sich selbst ist, hat es leichter, auch anderen wirklich zu helfen.

Denn nur dann entwickelt man die Courage, auch Dinge zu tun, die den anderen vielleicht vor den Kopf stoßen, ihm scheinbar wehtun. Gerade eine Mutter muß zu solcher Härte aus Liebe bereit sein. Auch wenn es ihr im Moment selbst wehtut. Doch wichtiger als die immerbeschützende elterliche Hand ist die Souveränität der Eltern, die Trost und Grenzen und damit Freiräume zu wirklicher Entwicklung gibt.

Fencheldüfte helfen, die dazu nötige Stärke zu entwickeln.

Majoranöl

Majoranöl gehört zu den sedierenden, entspannenden Düften der merkurischen Öle. Sein herb-würziger Duft legt sich wie eine dämpfende Glocke über uns. Wir möchten dann die Augen schließen und die sich verflüchtigende Essenz genießen. Dabei können wir uns Atemzug für Atemzug ein wenig mehr entspannen. Majoranöl gleicht in seiner Wirkung einem Knöpfchen, mit dem der Impuls »Abschalten« übertragen wird — und das wir nach Bedarf betätigen können. Nämlich dann, wenn die inspirierende Kraft merkurischer Energie in eine Übererregung der Nerven umzuschlagen droht oder wenn ständige Anspannung uns verkrampft: Das können Sorgen sein, die uns nicht loslassen und so unser Gedankenkarussell am laufen halten. Auch zu großer Streß oder Überarbeitung können Geist und Nerven verspannen. Ebenso typische Großstadteinflüsse, wenn zu viele ständig einströmende Reize unser Aufnahmevermögen überfluten, ein »nur noch von allem genervt sein« jede entspannte, ausgeglichene Reaktion zur Seite drängt. Dann bringt Majoranöl uns ins »Hara« zurück, einen Punkt im Zentrum des Körpers, wo man sich selbst wieder spüren und aus diesem inneren Gleichgewicht heraus bewußt entscheiden kann, was man auf sich wirken und wie nahe man die Dinge an sich herankommen läßt.

Auf körperlicher Ebene regt Majoranöl die Verdauungstätigkeit an und dämpft gleichzeitig die Aufnahmebereitschaft der Sinnesorgane. Man wird für gewisse Reize förmlich unantastbar — besonders für sexuelle.

Essenzen zur Transformation der Beziehungs- und Liebesfähigkeit

– Venus-Energie –

Hierzu gehören Essenzen, deren Düfte im Gleichklang mit dem Venus-Prinzip schwingen: dem unwiderstehlichen Drang nach Harmonie in allen Lebensbereichen. Die Gesetzmäßigkeiten der Harmonie finden sich überall in der Natur. Trotzdem ist Harmonie nichts Statisches, sondern muß immer wieder neu gefunden, neu geschaffen werden, wie die Klangfolgen in der Musik, die Schöpfungen der Kunst — es ist die unmittelbar wahrgenommene Zusammenstimmung von vielen Teilen zu einem einzigen Ganzen.

Wenn man sich an die Dimensionen der Venus-Energie herantasten möchte, ist eine dualistische Vorstellung — auf der einen Seite Harmonie, auf der anderen Disharmonie, hier Himmel, da Hölle — eher hinderlich. Läßt man sich Harmonie dagegen als etwas erleben, das sich sinnbildlich in der Mitte einer Kugel befindet und sich selbst auf der Oberfläche, dann hat man an jedem beliebigen Punkt, zu jeder Zeit und in wirklich jeder Situation die Möglichkeit, in Beziehung zur Harmonie zu treten, die Mitte zu finden. Deshalb zeigt das Zeichen der Venus auch den Kreis, Symbol des Holistischen, Geistigen, über den polaren Linien des Kreuzes, dem Symbol für Materie. Es zeigt die Vereinigung von Geist und Materie, Psyche und Körper, Tod und Leben, Sexualität und Religion...

Venus-Energie ist die permanente Herausforderung, das persönliche Zentrum zu finden, zwischen eigenen und »fremden« Interessen zu vermitteln, zwischen Technik und Natur zu balancieren, Sinnlichkeit und Religiösität in Einklang zu bringen.

Essenzen, die mit dieser Energie schwingen, konfrontieren uns mit dieser Herausforderung – jeder Duft auf seine Weise und in den ihm bezüglichen Lebensbereichen. Dabei geht es immer darum, eine Beziehung herzustellen zwischen der inneren und der äußeren Welt. Der Inbegriff der Harmonie ist im Grunde die Fähigkeit, zu lieben. Es ist die Freude, die Impulse weiterzugeben, die wir über die Pflanzen und Düfte aufnehmen: Licht und Liebe.

Das, was wir lieben, können wir erreichen, gleich, ob es sich dabei um einen Menschen oder um ein Ziel handelt. Einen Menschen, dem wir uns nicht in Liebe öffnen, werden wir nie ganz verstehen können. Ebenso werden wir eine Aufgabe nie vollkommen erfüllen, wenn wir keine liebevolle Beziehung zu ihr herstellen können. Wir werden vielleicht nahe an ein Ziel herankommen, niemals aber eins damit werden – und es wird spürbar sein, für uns selbst wie für andere. Dann werden wir gelebt, niemals jedoch den Kelch mit dem Wasser des Lebens bis auf den Grund geleert haben.

So berührt der Duft der Rose unsere Beziehung zu Sinnlichkeit und Sexualität, der Duft des Geraniums unser Verlangen nach Gerechtigkeit, der Duft von Ingwer bringt Kontinuität in unsere Gedanken und Handlungen. Muskatellersalbei erhebt unsere Gefühle in Bereiche, in denen Freiheit nur ein anderes Wort dafür ist, daß es nichts mehr zu verlieren gibt. Und Sandelholz stärkt unsere Beziehung zur Spiritualität.

Rosenöl

Freude, Liebe, Glück, Harmonie, Gesundheit, Schönheit, Wohlstand ... Es gibt kaum etwas Angenehmes, das sich nicht mit dem verzaubernden Duft einer voll erblühten Rose verbinden ließe, die ihr Duft gewordenes Wissen in die Schwingen eines lauen sommerlichen Abendwindes legt.

Die Rose hat den femininsten und verführerischsten Duft unter den ätherischen Ölen. Einerseits berührt sie uns körperlich und verlockt zu sinnlichen Genüssen, wie dem Verlangen nach köstlichen Speisen, einer geschmackvoll eingerichteten Umgebung, anregenden Gesprächen, lustvollen körperlichen Berührungen. So schenken Liebende einander Rosen. Andererseits berührt ihr Duft unsere Seele, transformiert fleischliche Gelüste und Begierden zu subtilen Sinnesempfindungen, zu überpersönlicher Liebe, Liebe zu Gott, zu allen fühlenden Wesen. Deshalb hat man Tempel mit Rosen bekränzt.

Der Duft der Rose hat die Kraft, körperliche und seelische Liebe zu vereinen. Das »Blut der Venus« hat man deshalb die Rosenessenz genannt und sie unter den Schutz der Liebesgöttin Aphrodite gestellt.

Rosenöl ist auch eine aphrodisierende Essenz. Sie weckt jedoch nicht Gelüste alleine, sondern verbindet diese mit dem Bedürfnis nach Harmonie, d. h. mit dem Bedürfnis nach dem, was einem gemäß ist. Und gemäß ist immer nur die ganz persönlich empfundene Mitte zwischen sexuellem Genuß und hingebungsvoller Zärtlichkeit.

Mit der Rose wird die Liebe zur Liebeskunst. Geben und Nehmen, der Reiz zwischenmenschlicher Begegnungen soll bis ins Subtilste ausgekostet werden und es kann zu einer wirklichen Synthese zwischen körperlicher und seelischer Liebe kommen, die uns Schönheit, Freude, Glück und vieles mehr erfahren läßt.

Rosenöl besitzt einen Duft, der in eine private, intime Atmosphäre ebenso paßt wie in den öffentlichen Rahmen eines Büros, einer Galerie, eines Wohnzimmers.

Sandelholzöl

Der Duft des Sandelholzöls ist schwer und würzig. Das Öl besitzt eine starke exotische Note.

Sandelholzöl spricht ganz und gar das schöpferische Moment im Menschen an. Immer dann, wenn etwas von zeitlosem Wert geschaffen wird, wenn konzentrierte geistige Kraft sich in Ideen und Werken Ausdruck verleiht, erleben wir den göttlichen Impuls geistigen Schaffens. Es ist eine Kraft, die aus uns selbst kommt, deren Wurzeln aber bis in die Äonen längst vergangener Kulturen zurückreichen und so auch noch aus dem ältesten Wissen schöpfen können.

Sandelholzöl gibt den Impuls zu schöpferischem Tun, denn sein Duft regt unsere Phantasie an. Ohne Phantasie, ohne Vorstellungskraft, gäbe es weder Ideen noch Ideale. Phantasie beflügelt uns, den Blick vom Boden aufzurichten, unser kleines Ego zurückzunehmen und die Sorge um die eigene Existenz zu vergessen, um ihn durch geistige Sphären schweifen zu lassen — um unserer tiefen Sehnsucht nach Liebe und Erkenntnis Raum zu geben.

Dieser Duft schafft ein Glücksgefühl, das Gefühl, etwas Unvergängliches von überdauerndem Wert zu schaffen. Befreit von den Sorgen um käufliche, vergängliche Freuden, kann man innere Zufriedenheit erfahren.

Ein Duft, der ebenso euphorisiert wie beruhigt. Seit undenklichen Zeiten schon schätzt man ihn auch wegen seiner sexuell anregenden Wirkung. In der buddhistisch- und hinduistisch-tantrischen Praxis setzte man Sandelholzöl als transformierendes Stimulans ein. Die in Schwingung gebrachten sexuellen Energien dienten dabei als Fahrzeug, um bestimmte Bewußtseinskräfte zu wecken und sie gleichsam auf den Gipfel spiritueller Erfahrung zu heben.

Es ist sicher lohnenswert, hierzu weitere, eigene Erfahrungen zu sammeln.

Muskatellersalbeiöl

Der süße, frische Duft des Öls ist wirklich berauschend. Wie eine Wolke hebt er uns aus dem Alltagsgeschehen und hüllt uns in eine gewisse euphorische Stimmung, in der der Horizont sich weiten kann, weil bewußtseinsmäßige und gesellschaftliche Grenzen beim Atmen dieses Duftes Lücken erkennen lassen.

Umhüllt vom Muskatellersalbei fühlt man sich gestärkt, kleine Schritte über den gewohnten Horizont hinauszugehen. Eine prickelnde Neugier auf bislang ungeahnte Erfahrungen erwacht. Es ist die Lust auf das Unentdeckte in sich selbst – und auf das Spiegelbild, das man nach außen wirft, wenn man aus den Tiefen der eigenen Erkenntniswelt wieder auftaucht. Man hat sich gewandelt, das Glück geistiger Transformation erlebt. Dieser Wandel, der eigentlich das Leben ausmacht, kann aber auch zu Verwirrung führen oder so erlebt werden.

Ändern sich Einstellungen oder gleich ganze Weltanschauungen zu schnell, kippt die Waage, dann kommt man aus dem Gleichgewicht – aus der Harmonie. Dann verliert man den, zu wirklich verändernden Schritten notwendigen, Boden unter den Füßen.

Auch unsere Mitmenschen können dann unserem allzuschnellen Wandel nicht mehr folgen – und wir bleiben im Gefühl des Alleingelassenseins zurück.

Muskatellersalbeiöl ist ein sehr ambivalenter Duft. Auf die richtige Dosis kommt es an – und die sollte sehr klein sein. Nur dann kann man sich an den positiven Wirkungen erfreuen – weil der Prozeß der Transformation dann in der Zeit abläuft, die wir dafür benötigen. Sobald Kopfschmerzen auftreten, sollte man sich sofort dem Duft entziehen. Nur zwei, drei Tropfen auf eine Duftlampe im Schlafzimmer sind ausreichend, um für wohlige Entspannung, inspirierende Gedanken, phantasievolle Zärtlichkeiten ... zu sorgen.

Geraniumöl

Muskatellersalbeiöl ist ein Duft, der keinesfalls ins Büro sollte, Geraniumöl kann man als seinen Gegenspieler bezeichnen. Es sollte möglichst nicht im Schlafzimmer, dafür aber desto häufiger im Büro verflüchtigt werden.

Die frische, öffentliche Atmosphäre, die dieses Öl schafft, läßt Gespräche und Verhandlungen, bei denen es auf schnelles wohlgeordnetes Ineinandergreifen von Informationen ankommt, erfolgreich verlaufen.

Mit Hilfe der aktivierenden Energie des Duftes können wir einen uns gemäßen Rhythmus finden, unsere Aufgaben erkennen und die Reihenfolge der Schritte ihrer Erledigung festlegen. Es ist ein Öl, das Harmonie und Rhythmus in unsere öffentlichen Handlungen und Gespräche bringt.

Ingweröl

Ingweröl duftet aromatisch frisch und wirkt energetisierend. Da es ein Öl der Venus-Kategorie ist, beeinflußt es Aktivitäten, die wir entwickeln, um uns eine schöne, behagliche und kunstvoll ausgestattete Umgebung zu schaffen.

Man richtet die Vorstellung, wie die Wohnung, das Haus oder das Büro eingerichtet sein soll, nach den eigenen ästhetischen Maßstäben aus. Um es dann nicht bei der schönen Vorstellung allein bleiben zu lassen, ist es notwendig, zielgerichtete Entscheidungen zu treffen, das Einzelne in Bezug zum Ganzen zu sehen und die vielen Teile, wie Stilrichtung der Möbel, Farben und Materialien der Teppiche und Wände und die vielen kleinen Accessoires so in harmonischen Einklang miteinander zu bringen, daß sich ein wohlgefälliges Ganzes ergibt, das zweckentsprechend ist und unseren individuellen ästhetischen Ansprüchen genügt.

Wenn man sich in Geschmacksfragen unsicher ist, kann Ingwerduft den notwendigen Impuls geben, schöne Vorstellungen durch richtige Entscheidungen zu manifestieren.

Auch einen Teil seiner persönlichen Identität manifestiert man durch die Art und Weise, sich zu kleiden und zu schmücken. Wenn der Mut fehlt, diesbezüglich über das Gewohnte hinauszugehen, werden ein paar Tropfen Ingwerparfum (50 Tropfen Ingweröl auf 20 ml Jojobaöl) einen Einkaufsbummel ungewohnte Resultate zeitigen lassen.

Essenzen zur Transformation der Identitäts- und Handlungsfähigkeit

– Solare Energie –

Diese Essenzen aktivieren in uns die vitale und lebensbejahende solare Energie. Wenn wir uns mit dieser Energie umgeben, spüren wir, daß wir lebendig sind, daß wir einen schier unerschöpflichen Kraftquell besitzen, der uns dann zur Verfügung steht, wenn wir nur genau wissen, was wir und wie wir unser Leben gestalten wollen. Und wenn diese Ziele dazu dienen, unsere Persönlichkeit zu entwickeln, unser Sonnen-Wesen zum Ausdruck zu bringen, werden die solaren Energien Licht bringen. Licht, Liebe, göttliche Inspiration oder wie immer man es nennt, wird dann unser Herz öffnen, es mit Freude und Lust zu leben und zu handeln erfüllen. Höchste Intensität des Erlebens und Erfüllung im Hier und Jetzt machen uns liebensfähig. Herzenswärme ist dann das, was wir empfinden und anderen geben können. Aber nicht nur unseren Mitmenschen können wir diese Achtsamkeit zukommen lassen, auch Dingen, die uns umgeben. Denn diese Energie kann ebensogut in künstlerisches und gestalterisches Schaffen fließen – dann verwirklichen wir uns in schöpferischem Tun. Den Ausdrucksmöglichkeiten der solaren Energie sind auch hier keine Grenzen gesetzt.

Bergamotte, Neroli und Patschouli sind die stärksten solar-energetisierenden Duftessenzen, und es sind Düfte, die eine ausgezeichnete Wirkung bei Angstgefühlen und Lebensunlust zeigen. Angst- und Lebensunlust (Depression) ist die Abwesenheit von Licht, bzw. die Unfähigkeit, lichtvolle Kräfte absorbieren zu können. So wie das Licht die Erde erwärmt, einen Samen erweckt und zur stattlichen Pflanze mit wunderschöner Blüte heranwachsen läßt, so wecken die lichtvollen Energien der Sonne über die Essenzen unsere innere Knospe und lassen sie sich zu einer Blüte in vollendeter Schönheit entfalten.

Bergamottöl

Mit seinem frischen, anregenden Duft, berührt Bergamottöl das Zentrum unserer Lebensenergie, unser Selbstbewußtsein.

Wenn wir in ungewohnter Umgebung oder auf Reisen sind und uns durch ungewohnte Umstände verunsichert fühlen, gibt dieser Duft uns das Vertrauen in unsere Kräfte zurück. Wenn wir das Ziel unserer Unternehmung aus den Augen verlieren, läßt es dieser Duft wieder klar und präzise erscheinen und stärkt uns bei der Durchsetzung unserer Vorhaben.

Wenn sich Schatten auf unsere Pläne legen wollen, wird diese Essenz den Kampf gegen die dunklen Kräfte aufnehmen und die geballte Energie konzentrierten Lichts dorthin lenken, wo wir sie gerade brauchen.

Neroliöl

Neroliöl verbreitet eine Kraft, die das Leben in seiner Lebendigkeit noch zu steigern vermag. Es läßt uns das Leben nicht mehr als Pflicht, sondern als Luxus sehen, den es in allen Zügen zu genießen gilt. Grenzenlos werden die Vorstellungen dessen, was gesagt, getan oder gedacht werden kann. Dieser süßlich-feminine Duft bestätigt unser Selbstbewußtsein und hebt uns in ein Gefühl des nie versiegen könnenden Tatendrangs. Neroli ist ein kostbares, luxuriöses Öl, und es hat die stärkste sedativ-antidepressive Wirkung unter den Ölen. Tore, die uns zuvor verschlossen schienen, öffnen sich wie von unsichtbarer Hand und lassen uns ein Land betreten, in dem alles machbar erscheint — wenn es nur unmittelbarer und ehrlicher Ausdruck unserer inneren Sendung ist, wenn es nur unserem wahren Wesen entspricht. Es ist also kein Öl, das enthemmt, es sei denn, es ist eine Hemmung, die uns an der Verwirklichung unseres Selbstbewußtseins hindert.

Atmet man Neroli über mehrere Stunden, muß man wissen, daß seine stark sedative Wirkung u. a. die geistige Reaktionsfähigkeit herabsetzt. Es ist kein Öl, daß sich für den Büroalltag oder bei anderen geistigen Arbeiten eignet. Vorsicht damit also auch, wenn man beabsichtigt, ein Fahrzeug zu führen. Dafür ist es ein ebenso ausgezeichnetes Mittel bei Schlafstörungen wie Lavendel.

Auf körperlicher Ebene wirkt Neroli bei Verspannungen, und auch bei krampfartigen und nervösen Herzbeschwerden.

Patschouliöl

Beinahe eine ganze Generation hat dieser Duft auf der Suche nach einer Identitätsfindung begleitet. Es war die Suche nach einem sinnvolleren, lebenswerteren Leben. Flower Power: Blumen, Liebe, Einheit, Ganzheitlichkeit, Meditation und Musik. Dieser Duft hat Kraft, dieser Duft ist Kraft und dieser Duft gibt Kraft, ungewöhnliche, eigenwillige, eigene Wege einzuschlagen, Wege die im Einklang mit den Rhythmen des Lebens gegangen werden können. Wege, die nach innen und von dort wieder nach außen führen, um die in der Meditation, der Versenkung, erfahrene Kraft in Liebe zu den Menschen umzusetzen: Make love not war — in jeder Beziehung. Der Duft von Patschouliöl läßt unsere tiefe Sehnsucht nach Frieden vibrieren. Sein eigenwilliger Duft erweckt das Verlangen, innere und äußere Grenzen zu überschreiten, die uns mitgegebenen Kräfte lustvoll zu verschwenden — wenn es nur mit festem Glauben an die Liebe geschieht: Liebe zur Welt, zur Natur, zu den Menschen.

Es ist gerade diese Eigenschaft, die Patschouliöl auch zu einem einzigartigen Stimulans für die körperliche Liebe macht: es erweckt die Sehnsucht, im Liebesakt miteinander zu verschmelzen, alles zu geben, alles zu nehmen, Grenzen zu vergessen und wie die Sonnenenergie selbst, alle Kraft gleich einer riesigen Energieexplosion zu entladen — um Licht und Liebe zu schenken.

Mandarinenöl

Die Mandarine ist die kleine Sonne des Herzens. Der Duft ihres Öls ist weich, mild und trotzdem frisch. Gerade bei der Verrichtung alltäglicher Dinge kann es sehr hilfreich sein. Die vielen kleinen Handgriffe, die sich Jahr für Jahr, Monat für Monat und Tag für Tag wiederholen, sind zwar irgendwann Routine, trotzdem bieten sie uns Tausende von Möglichkeiten, unsere Identitäts- und Handlungsfähigkeit nach außen zu tragen. Gerade die scheinbar so unwichtigen Alltäglichkeiten sind in der Summe das, was wir jeden Tag, jeden Monat und jedes Jahr tun, werden zu dem, was uns viel stärker prägt, als die sogenannten »großen« Ziele in unserem Leben. Denn auch das Erreichen großer Ziele ist letztlich auch nur das Ergebnis von unendlich vielen kleinen Schritten. So kann der Duft des Mandarinenöls unser Auge für genau diese Dinge, unsere kleinen Schritte, wachsam halten. Daran, wie achtsam wir damit umgehen, werden wir und andere letztlich unseren Selbstausdruck messen. Das Öl für sich allein paßt ausgezeichnet in die Vorweihnachts- und Winterzeit; in Kombination mit anderen Ölen wie Ylang Ylang, Rose, Yasmin oder Neroli lassen sich herrliche Düfte mischen. Dominiert in der Mischung eines der anderen Öle, wird die Betonung der Wirksamkeit auf diesem Öl liegen. In einer Neroli-Mandarinen-Mischung (2 Tropfen Mandarine auf 5 Tropfen Neroli), werden beispielsweise unsere Visionen dessen, was gesagt und getan werden kann, sich auch auf die kleinen alltäglichen Dinge im Leben richten. Und in jeder anderen Mischung werden wiederum neue Nuancen hervortreten.

Essenzen zur Transformation der Willens- und Aktionsfähigkeit

– Mars-Energie –

Es gibt keine Tat, die man tun, keinen Gedanken, den man denken könnte, der ohne Folgen bliebe. Jede Handlung, auch wenn sie nur im Ansatz gedacht, nur Vorstellung war, ist ein Stückchen im Mosaik, das man Karma nennt und das unser Leben zu einer einzigen Aneinanderreihung von Ursachen und Wirkungen macht.

Ob wir die Ursachen bewußt oder unbewußt setzen, spielt dabei keine Rolle – wir werden irgendwann mit der Wirkung konfrontiert. Die Summe der vielen kleinen Handlungen und ihre direkten und indirekten Auswirkungen machen unser Leben aus.

Essenzen mit dominierender Mars-Energie können dabei zweierlei bewirken.

Sie können einmal eine unstete, ziellose Dynamik für eine Weile zum Stillstand bringen und uns die Kraft geben, geradeheraus und ganz klar »nein« zu unüberlegten oder chaotischen Handlungen zu sagen und damit für die Ruhe sorgen, die wir zum bewußten zielgerichteten Kräftesammeln notwendig brauchen.

Andererseits, wenn es an der nötigen Dynamik, an Mut oder Tapferkeit – ohne die Ziele niemals erreicht werden können – fehlt, dann können diese Düfte den Anstoß geben, der es uns ermöglicht, über selbstgesetzte oder angenommene Grenzen hinauszugehen und das schier für unmöglich Gehaltene zu tun.

Auch auf unsere Triebkräfte wirken diese Düfte »pandorisch«.

Rosmarinöl

Das Rosmarinöl mit seinem herb-würzigen bis kampferartigen Duft gehört mit zu den am stärksten anregend wirkenden Essenzen.

Schon auf körperlicher Ebene gibt es kaum etwas, das sich nicht mit Rosmarinessenz anregen ließe. Vom Magen über Leber, Niere, Galle, Herz bis hin zu den weiblichen Organen und den Nerven bringt Rosmarin alles in Schwung. Es wird mit dieser Essenz förmlich fast jeder Zelle die Möglichkeit gegeben, ihre Eigenschwingung, d. h. ihre Aktivität zu erhöhen.

Beim Inhalieren des Duftes geschieht etwas ganz ähnliches: die Willenskraft und Aktionsbereitschaft wird bis aufs äußerste geschärft.

Einige Tropfen Rosmarinessenz im Bade- oder Waschwasser am frühen Morgen sind ein ausgezeichnetes Mittel, die noch am Vorabend in aller Gemütlichkeit geplanten Vorhaben für den kommenden Tag auch wirklich anzugehen, diesen sogenannten »inneren Schweinehund« zu überwinden, damit er uns nicht wieder zu Trägheit verführt. Aus Schwäche oder Antriebslosigkeit nicht ausgeführte Vorhaben können unseren Geist vergiften. Wenn wir unsere Trägheit nicht akzeptieren können, sondern verdrängen müssen, blockieren wir uns damit und werden bis zu dem Zeitpunkt, wo wir das vor uns Hergeschobene erledigt haben, keine neue, schöpferische Aktion in Angriff nehmen können.

Rosmarinduft wird dann die Kraft geben, notwendige Schritte zu gehen — auch wenn sie manchmal nicht leicht fallen. Aber: Wir sind auf dieser Erde geboren, um zu handeln, Taten zu vollbringen. Unser äußeres und inneres Leben muß organisiert werden, das ist harte Arbeit für unser Leben und an uns selbst — aber Hindernisse, gestellte wie selbstgeschaffene, sind dazu da, um überwunden zu werden.

Mit Rosmarinessenz kann man selbst die gewisse Unlust überwinden, die beim Auftauchen eines Hindernisses entsteht und manchmal jeden Gedanken an aktive Schritte zur Lösung schon von vornherein vereitelt. Nicht jedem ergeht es so — viele Menschen sprudeln vor Tatendrang nur so über — aber manchem Selbstbewußtsein würden ein paar mehr vollbrachte Taten — ein paar Tropfen Rosmarinöl — sehr gut tun.

Niaouliöl

Der herb-frische Duft des Niaouliöls wirkt auf die Triebkräfte ein, d. h. seine transformierenden Energien haben eine besondere Wirkungsaffinität zu sexuellen Aktivitäten.

Wenn Menschen aufeinandertreffen, die sexuell entgegengesetzt gepolt sind — normalerweise, aber nicht ausschließlich, Mann und Frau —, Sympathie füreinander empfinden und deren »Empfänger« und »Sender« auf sexuelle Schwingungen eingestellt sind, kann der Funke überfliegen, der sie sich füreinander öffnen und diese Schwingungen als besonders stark empfinden läßt: sie begehren einander. Wenn ihre Körper dann miteinander verschmelzen, kann Begehren zu Beglückkung werden, können rein körperliche Gelüste und ihre Befriedigung zu vollkommener Hingabe werden, die Körper, Geist und Seele gleichermaßen ergreift. Leidenschaftlich, sich selbst vergessend, möchte man geben, beglücken, vereinen.

Niaouliöl gibt die Kraft und Stärke, sich zurückzuhalten, wenn nur allzu körperliche Bedürfnisse nach Befriedigung verlangen, aber es läßt uns auch die subtile Erotik einer großen Liebe in beseelendem Rausch beim Verschmelzen der Körper genießen.

Oreganoöl

Der kräftige, bitterscharfe und zugleich etwas dumpfe Geruch des Oreganoöls ist ein ausgezeichnetes Mittel, um sich für eine Weile aus den Turbulenzen des Tagesgeschehens herauszunehmen, stillzuhalten, vorhandene Kräfte neu zu ordnen — besonders, wenn man sich mit körperlichen und geistigen Aktivitäten allzusehr verausgabt hat.

Eine Meditation im mit Oreganoöl aromatisierten Raum wird helfen, den Kräftehaushalt wieder auzubalancieren, um dann mit klarem Kopf die vorhandene Energie wieder gezielt zur Bewältigung dessen, was zu tun noch ansteht, einzusetzen.

Oreganoöl wird man nur kurzzeitig und gezielt einsetzen, da sein Duft sonst zu stark, zu aufdringlich werden würde.

Salbeiöl

Der kräftige, aktivierende Duft des Salbeiöls wirkt aufbauend und anregend.

Die frische Essenz hat einen besonders starken Bezug zu den Atmungsorganen und wirkt auf die Kraft unserer Stimme ein. Wenn wir unserem Willen stimmlichen Ausdruck geben wollen, dann muß das Gesagte nicht nur in unserem Kehlkopf, sondern auch in unserer Seele Resonanz finden. Die ausgesprochenen Worte müssen zuallererst vor uns selbst Bestand haben.

Eine klare Absicht braucht ebensolche klaren und prägnanten Worte, um beim Zuhörer unmißverständliches Gehör zu finden. Auch die Stimmlage muß eindeutig, kraftvoll und willensstark sein.

Es gibt unendlich viele Möglichkeiten »nein« zu sagen. Nur ein Beispiel: Ein kleines Kind greift nach einer Tischdecke, um sie herunterzuziehen. Die Mutter sagt zwar: »Nein, das darfst du nicht«, erinnert sich im gleichem Moment aber an die eigene Kindheit und daran, daß sie Tischdecken mit Vorliebe und Freude heruntergezogen hat. Das Resultat: Das Kind hört zwar das gesprochene »nein«, viel deutlicher aber noch das unterschwellige Signal: »Das, was Du da gerade tust, macht Spaß«. Ein Kind wird bei der Auswahl dieser »Alternativen« immer das hören, was seinen eigenen Entdeckerfreuden entspricht.

Kein Wunder also, daß viele Worte sinnlos verschwendet sind, wenn nicht auch die nötige eindeutige und zielgerichtete Kraft darin liegt.

Salbei hilft, der Stimme Kraft und Klarheit zu geben.

Thymianöl

Thymianöl verbreitet eine den Köper und den Geist stimulierende Energie.

Nur durch Taten können wir in Beziehung zur Welt, zu unseren Mitmenschen treten. Nur durch Taten können wir die kreative Kraft, die in jedem von uns steckt, in erleuchtetes Handeln umwandeln – Handlungen, durch die wir uns zum Wohle aller Wesen verwirklichen. Dazu brauchen wir außer einem starken Willen, d. h. Tatendrang, auch noch Mut und Mitgefühl. Denn das, was ein erfülltes Leben ausmacht, ist die richtigem Handeln innewohnende Schönheit.

Solange Handlungen durch Neid, Gier, Angst oder Zorn gelenkt sind, so lange gehen wir einen verwirrten Weg, so lange reagieren wir auf »Schatten«, anstatt Impulse zu setzen.

Wenn wir uns um die Ergebnisse unseres Tuns kümmern – durch bewußte liebevolle Hinwendung – dann bringen wir unseren Willen mit dem göttlichen Gesetz in Einklang. Und das bedeutet den Sinn des Lebens verstehen, indem wir Leiden überwinden und unser persönliches Schangrila verwirklichen.

Thymianessenz bestärkt uns darin, das Prinzip des Willens zu kultivieren, nämlich bewußten Willen zu manifestieren, den Willen zu sein und den Willen zu wissen.

Essenzen zur Transformation der Sinnfindungsfähigkeit

– Jupiter-Energie –

Essenzen, die das jovische Energieprinzip repräsentieren, führen uns über das Alltägliche, ja sogar das Alljährliche hinaus. Sie berühren Bereiche, die fast jenseits aller materiellen Eingebundenheit liegen – mit diesem sie zwar mit einem festen, allerdings nur seidenen Faden verbunden sind.

Hier geht es um den Sinn, um den Sinn der Sinne. Gesetzmäßigkeiten, die im Rhythmus des Lebens verborgen liegen, wollen erkannt, gedeutet und gelebt, und überpersönliche, kosmische Ordnungen erkannt werden. Diese Essenzen regen das Verlangen nach einer Einweihung in die höhere Ordnung unseres Daseins an. Man möchte wissen, wie die Welt funktioniert, dazu muß man sie kennenlernen, sie bereisen: die unberührte wilde Natur ebenso erspüren wie die verslumten und dekadenten Metropolen. Das kann durch das körperliche Umwandern des Globus ebenso geschehen wie durch ein langes und intensives Studium der verschiedensten Wissenschaften. Raum und Zeit werden dabei zu Dimensionen, die man durchschreiten kann, bleiben nicht mehr länger Grenzen. Die Suche nach dem Sinn des Lebens wird zum Finden der eigenen Ideale – die im Weltlichen ebenso wie im Geistigen gefunden werden können. Am Schluß steht die taoistische Erkenntnis: Alles ist Eins.

Und so löst sich, wenn Jupiter-Essenzen geatmet werden, der Blick ganz und gar vom Detail. Der Mensch gibt sich dem Überindividuellen, dem Ganzheitlichen, dem Göttlichen hin, und blickt von dort, von diesem übergeordneten Standpunkt aus, mit innerem Abstand auf die manchmal so kleinlichen Dinge des Alltagsgeschehens. Und von diesem »Gipfel der Erkenntnis« aus sieht alles gar nicht mehr so tragisch, so begrenzt aus, denn das Auge reicht über den nächsten Hügel hinaus, sieht ein Tal und wieder einen Hügel, dann unendliche Weiten, die nie zu enden scheinen, sieht das Auf und das Ab im Leben, das Kommen und Gehen, Leben und Tod – und ist doch immer bestrebt, sich weder mit dem einen noch mit dem anderen zu identifizieren, sondern das eine wie das andere zu akzeptieren und läßt die Idee, daß man die Welt dabei doch noch verändern könnte, niemals ganz los.

Wacholderöl

Wenn die eiskalten Stürme problemschwangerer Tage uns mit kantigen Ecken alltäglicher Widrigkeiten umzustoßen drohen, gibt uns der herb-würzige Duft des Wacholderöls die innere Stärke, diesen Kräften zu trotzen, und auch dann nicht von unseren heiligen Idealen loszulassen, wenn unser Körper müde wird und den Geist mitzureißen droht.

Diese Essenz löst uns von Emotionen, an denen wir hängen, an denen wir haften. Seine »trocknenden« Eigenschaften nehmen uns auf körperlicher Ebene das überschüssige Wasser aus den Zellen, befreien aber auch auf psychischer Ebene von überschüssigem Wasser, d. h. überflüssigen Emotionen. Sie kann zu einem selbstlosen Helfer in jenen Zeiten werden, in denen wir zu weich werden für alte, mit zu vielen negativen Gefühlen besetzten, Erfahrungen. Das ist dann der Fall, wenn wir unsere Ideen und Ideale aus dem Blickwinkel zu verlieren drohen, weil anscheinend zu viele Unwegsamkeiten unseren Pfad der Erkenntnis säumen.

Wir können dann ein Wacholder-Parfüm herstellen (etwa 40 Tropfen Wacholderöl auf 10 ml Jojobaöl geben) und immer, wenn wir das Gefühl haben, daß es uns guttun würde, einige Tropfen davon über der Nasenwurzel einmassieren.

Vetiveröl

Wenn das Leben uns in Versuchung geführt hat, wir unseren Lebensrichtlinien untreu geworden sind, und so unsere Integrität Schaden genommen hat, dann wird Vetiveröl helfen, uns nicht mehr länger von falschen Wertvorstellungen blenden zu lassen, wird uns unseren Glauben und unsere Ideale wieder klar vor Augen führen.

Wenn wir den Duft von Vetiveröl atmen, möchten wir unser Leben so führen, daß es idealsten Vorstellungen entspricht: wir möchten den Sinn unseres Lebens verwirklichen, die von uns gesetzten Werte erfüllen, Weisheit erlangen und in allen Lebenslagen Würde zeigen. Das können wir nur erreichen, wenn wir Idealismus entwickeln, Eigennutz vergessen und Gemeinnutz zu unserem Ziel machen. Diese Über-legen-heit läßt uns vorausschauen, gibt uns Gelassenheit und läßt uns Toleranz zeigen — läßt uns dem Leben in würdevoller Heiterkeit begegnen.

Mit diesem Öl können wir anderen wie uns selbst die kleinen Schwächen verzeihen, die Versuchungen nachsehen und ihnen wenig Beachtung schenken, d. h. wenig Energie geben, damit wir diese voll und ganz für die großen Ziele, den Sinn unseres Lebens einsetzen können.

Jasminöl

Der süße Duft der Jasminblüten weckt unsere Lebensgeister auf ganz besondere Art, es läßt uns in der Phantasie in üppigen Sommerwiesen schwelgen, führt uns in eine Welt spielerischer Unbefangenheit, lädt zum totalen Gebrauch all unserer Sinne ein.

Dieser Duft wirkt wie ein gütiger, weiser Zauberer, der auch unsere idealsten Vorstellungen mit der leisen Berührung seines magischen Stabes Wirklichkeit werden lassen kann — wie traumhaft diese auch immer sein mögen.

Besonders empfänglich macht uns Jasmin für Verführungskünste: Der Anblick einer Blume kann uns zum Schwelgen in Erinnerungen oder sehnsüchtigen Erwartungen verführen, ein geliebter Mensch kann uns mit sanften Berührungen verführen, ein Gedanke kann uns zu einer langen Phantasiereise in ferne oder innere Welten verführen ...

Jasminöl lädt ein, sich, umgeben von den Gesetzmäßigkeiten dieser und anderer Welten, geborgen zu fühlen.

Aber auch die Sehnsucht nach fernen Kontinenten vermag dieser Duft zu wecken, Wünsche nach ausgedehnten Reisen, die uns fremde Länder entdecken und erleben lassen. Und er ist geeignet, dunkle Sorgenhimmel zu vertreiben, weil er uns in eine heitere, lebenswerte Welt zu entühren vermag und auch das schwere Gemüt erkennen läßt, daß das Leben auch Leichtigkeit und Unbeschwertheit kennt.

Essenzen zur Transformation der Konzentrationskraft

113

– Saturn-Energie –

Essenzen, die von dieser Energie geprägt sind, helfen, uns auch mit den Grenzen, die das Leben setzt, Grenzen, die zum Leben notwendig sind, anzufreunden. Essenzen, die bisher beschrieben wurden, haben ihre Energie förmlich verschwendet, sie ganz und gar in den Dienst des Lebens gestellt. Hier geht es nun nicht mehr darum, Energie zu verschenken, sondern zu bewahren, sich nicht mehr dem steten Wandel aller Erscheinungen zu widmen, sondern dem, was Bestand hat – in uns und außerhalb von uns.

Mit diesen Düften kann die Kunst des Verzichtes geübt, die Disziplin notwendiger Einschränkung kultiviert werden. Eine gesunde Ethik und Moral sind die Kinder dieser Energieform.

Die Erkenntnis der Weltengesetze gibt die notwendige Kraft, für das als gut und richtig Erkannte notfalls auch zu kämpfen, von der Oberfläche durch hemmende, widerborstige Schichten auch in die Tiefe zu dringen, sich nicht vom Tand der Welt verführen zu lassen, sondern nach dem zu suchen, was Bestand hat und das notfalls auch durch Grenzen zu schützen.

Man begeht eine Gratwanderung zwischen Absichern und Verschließen, Zurückhaltung und Entsagung, Alleinsein und Einsamkeit, Dauerhaftigkeit und Dogmatik ... Und auch hier kann nur ein kleiner Schritt zu weit in die Starre führen, dann werden aus lebenserhaltenden Einstellungen zwanghafte Haltungen, dann wird zur vermeintlichen Erhaltung des Lebens auf das Leben verzichtet.

Weihrauchöl

Bei vielen Menschen wird der Weihrauchduft anfangs vielleicht eine heftige Ablehung hervorrufen. Dies mag an Erinnerungen liegen. Erinnerungen an Zeiten unbeschwerter Kindheit und Jugend, in denen ungestümer Lebensdrang sich austoben wollte und durch Gottes- und Meßdienste manches Mal ungewollte Einschränkungen erfuhr.

Geruch und Wirkung von ätherischem Weihrauch sind ungleich subtiler als die des grob- oder feinkörnigen, auf heißer Kohle verglühenden, Weihrauchs. Dieser Duft ist in sich eher widersprüchlich, aber durchaus geeignet, Widersprüche zu vereinen. Seit alters her zu kultischen Zwecken eingesetzt, mahnte er durch seine Schwere an die Vergänglichkeit des Seins und wies Wege in eine ewige, mehr erahnte als erlebte Welt.

Weihrauchdüfte vermitteln zwischen grobstofflichen und feinstofflichen Welten, indem sie unsere vitalen und lebensbejahenden Triebe unterdrücken und in ganz besonderer Weise unseren Geist, unsere Glaubenskraft anregen. Letzteres geschieht jedoch nicht mit merkurischer Leichtigkeit, sondern mit saturnaler Schwere, die uns in die Gesetzmäßigkeiten des Kosmos einbindet und nach Erlösung, nach Erkenntnis ringen läßt. In geringer Dosis eingesetzt, verliert der Weihrauchduft etwas von seiner Schwere und schafft einen Ausgleich von fleischlicher Lust und weltabgekehrter Askese, verbindet die Gegensätze von Rot und Blau zu einem sanften Violett.

Eukalyptusöl

Der Geruch von Eukalyptus wird uns am ehesten von Hustenbonbons und hustenreizhemmenden Medikamenten bekannt sein. In der Tat wirkt Eukalyptus sich sehr positiv auf die Atemwege aus.

Der saturnische Charakter dieses Öls wird beim Inhalieren deutlich. Es läßt die Luft schwer werden und wirkt in starker Konzentration fast beklemmend, atemberaubend. Dies aber hat auch seine guten Seiten: Kaum eine andere Essenz gibt es, die in solchem Maße unsere Lungen füllt und die Bedeutung des Atems und des Atmens so deutlich erfahrbar macht wie Eukalyptus. Die Luft wird als schwer empfunden — gleich wie bei einem Spaziergang durch einen in sommerlicher Hitze flirrenden Eukalyptuswald — es fühlt sich an, als würde man Materie atmen können.

In geringeren Konzentrationen eignet sich Eukalyptusöl sehr gut für Atemübungen, weil es die Erkenntnis von den Gesetzmäßigkeiten der Zusammengehörigkeit allen Seins durch die Verbundenheit mit der Luft, die wir alle atmen, fördert und in ihrer grenzüberschreitenden Dimension erfahrbar macht.

Cajeputöl

Dieser Duft erinnert an Eukalyptus — ist jedoch milder. Er vermittelt uns ein Gefühl der Sicherheit, eine Sicherheit, die ihre Wurzeln in der Pflege des Überlieferten, des Althergebrachten und Traditionellen hat. Nichts kann auf unsere innere Stabilität verwirrender wirken als eine allzuschnelle, nicht langsam auf Erfahrung gewachsene, Abkehr von dem, was uns von bislang Sicherheit und Kontinuität gegeben hat.

Der Duft des Cajeputöls kann dann helfen, wenn unsere Lebenskontinuität ins Wanken geraten ist, weil wir den Sinn unserer Pflichten, der uns aufgelegten Beschränkungen noch nicht erkannt haben. Er versetzt uns in eine meditative Stimmung, in der wir in Kontakt mit der Kraft treten können, die aus Beständigkeit erwächst. Wir müssen Erfahrungen so lange im Leben wiederholen, bis wir die Lektionen, die uns mit ihnen aufgegeben waren, gelernt haben. Und nach jeder gemachten Lektion können wir einen Schritt aus dem herausgehen, was uns bisher gebunden hat.

Übersicht – ätherische Öle und ihre Wirkungen

Bergamottöl
Duft: zitronenartig, warm, blumig
Energie: Sonne
Element: Feuer
Wirkung: anregend, stärkt das Vertrauen in eigene Kräfte, läßt Ziele klar und präzise erscheinen, aktiviert die Lichtkräfte.

Bohnenkrautöl
Duft: streng, lederartig
Energie: Merkur
Element: Erde
Wirkung: entspannend, regt die intellektuelle Ausdruckskraft an, kann bei stärkerer Dosierung aber auch das Sexualzentrum aktivieren.

Cajeputöl
Duft: frisch, eukalyptusähnlich
Energie: Saturn
Element: Feuer
Wirkung: ausgleichend, vermittelt ein Gefühl der Sicherheit, regt die konstruktive Auseinandersetzung mit Erfahrungen an, aus denen wir für die Zukunft lernen müssen.

Eukalyptusöl
Duft: eindringlich, frisch, kampferartig
Energie: Saturn
Element: Erde
Wirkung: ausgleichend, aktiviert die Atmung, wirkt unterstützend bei Atemübungen und fördert das Gefühl der Verbundenheit mit allem Sein.

Eisenkrautöl
Duft: frisch, zitronenähnlich
Energie: Merkur
Element: Erde

Wirkung: anregend, beschleunigt mentale Prozesse, erhöht die Konzentrationskraft und Kombinationsfähigkeit, hilft, Ziele optimal zu verwirklichen.

Fenchelöl
Duft: mentholartig, anisähnlich
Energie: Merkur
Element: Luft
Wirkung: aktiviert mütterliche Energie, gibt Kraft, sich hingebungsvoll und zugleich souverän für die Sorgen und Nöte anderer einzusetzen.

Geraniumöl
Duft: zitronen- bis rosenähnlich
Energie: Venus
Element: Erde
Wirkung: anregend, erzeugt eine frische, öffentliche Atmosphäre, bringt Harmonie und Rhythmus in gesellschaftliche Handlungen, hilft bei Gesprächen und Verhandlungen.

Ingweröl
Duft: süßlich, erfrischend
Energie: Venus
Element: Feuer
Wirkung: energetisierend und harmonisierend, hilft beim Aufbau einer schönen, ästhetischen Umgebung.

Jasminöl
Duft: blumig, feminin
Energie: Jupiter
Element: Feuer
Wirkung: anregend, weckt die Lebensgeister, verlockt zu ausgedehnten Entdeckungsreisen, Leichtigkeit und Unbeschwertheit, regt die Phantasie an.

Kamillenöl
Duft: süßlich und zugleich würzig-frisch
Energie: Mond
Element: Feuer
Wirkung: beruhigend, entspannend, schafft ein inneres wohlig-behagliches Gleichgewicht, beruhigt die Nerven, stimuliert die physische wie psychische Verdauungstätigkeit.

Lavendelöl
Duft: herb und frisch
Energie: Merkur
Element: Luft
Wirkung: wärmend und entspannend, beruhigt aufgewühlte Emotionen, löst körperliche und seelische Verkrampfungen und Schmerzen.

Majoranöl
Duft: herb-würzig
Energie: Merkur
Element: Luft
Wirkung: beruhigend, setzt die Aufnahmebereitschaft der Sinne herab — auch in sexueller Beziehung.

Mandarinenöl
Duft: kräftig und blumig
Energie: Sonne
Element: Feuer
Wirkung: ausgleichend, hilft Alltägliches, Routinemäßiges in den Griff zu bekommen, macht besonders in kleinen Dingen handlungsfähig.

Muskatellersalbeiöl
Duft: frisch, süß
Energie: Venus
Element: Erde
Wirkung: entspannend, berauschend, weitet Horizonte, erweckt Neugier auf bislang Ungeahntes, forciert notwendige Einstellungsänderungen.

Nelkenöl
Duft: streng, stark würzig
Ebergie: Mond
Element: Erde
Wirkung: entspannend, fördert die Bereitschaft, Altes, Vergangenes loszulassen und Raum für Neues zu schaffen, wirkt stark in materielle Bereiche hinein.

Neroliöl
Duft: erfrischend, süß, blumig
Energie: Sonne
Element: Erde

Wirkung: stark beruhigend, stärkt das Selbstbewußtsein, macht unternehmungslustig und wirkt antidepressiv.

Niaouliöl
Duft: herb-frisch
Energie: Mars
Element: Feuer
Wirkung: anregend, aktiviert sexuelle Energie, erweckt Leidenschaften, macht selbstvergessen und hingebungsvoll.

Oreganoöl
Duft: scharf, dumpf
Energie: Mars
Element: Feuer
Wirkung: beruhigend, wirkt ausgleichend, hilft, vorhandene Kräfte zu ordnen und zielsicher einzusetzen.

Patschouliöl
Duft: blumig, orientalisch
Energie: Sonne
Element: Feuer
Wirkung: anregend, gibt Kraft, ungewöhnliche und eigenwillige Wege einzuschlagen, erweckt das Verlangen, innere und äußere Grenzen zu überschreiten.

Pfefferminzöl
Duft: frisch, mentholartig
Energie: Sonne
Element: Feuer
Wirkung: anregend, macht einen freien Kopf, bringt die Gedanken in Schwung und weckt Interesse an der Umwelt.

Rosmarinöl
Duft: herb-würzig bis kampferartig
Energie: Mars
Element: Feuer
Wirkung: anregend, hilft bei Schwäche und Antriebslosigkeit, stärkt die Willenskraft und Aktionsbereitschaft, erweckt Organisationstalent.

Sandelholzöl
Duft: lieblich, orientalisch
Energie: Venus
Element: Erde
Wirkung: ausgleichend, wirkt ebenso euphorisierend wie beruhigend, regt die Phantasie an, gibt Impulse zu schöpferischem Tun, initialisiert die Transformation sexueller Energien, erweckt spirituelle Kräfte.

Salbeiöl
Duft: herb und frisch
Energie: Mars
Element: Wasser
Wirkung: anregend, wirkt auf die Stimme ein, gibt ihr Kraft und Klarheit, allgemein aktivierend.

Rosenöl
Duft: blumig, feminin
Energie: Sonne
Element: Feuer
Wirkung: anregend, wirkt aktivierend und verführerisch, verlockt zu sinnlichen Genüssen und transformiert sie zugleich zu überpersönlicher Liebe, kultiviert die Liebeskunst.

Thymianöl
Duft: herb-würzig
Energie: Mars
Element: Erde
Wirkung: anregend, stimuliert Körper und Geist, verleiht außer Tatendrang auch noch Mut und Mitgefühl, manifestiert bewußten Willen zum Wohle anderer.

Vetiveröl
Duft: herb-holzig
Energie: Jupiter
Element: Feuer
Wirkung: ausgleichend, hilft, sich nicht von falschen Vorstellungen blenden zu lassen, regt die Verwirklichung von Idealen an, gibt Gelassenheit und Toleranz, macht stark gegen Versuchungen.

Wacholderöl
Duft: herb-würzig
Energie: Jupiter
Element: Feuer
Wirkung: ausgleichend, bestärkt den Glauben an Ideale und Ideen, klärt unsere Gefühlswelt, indem überflüssige Emotionen förmlich hinausgeschwemmt werden.

Weihrauchöl
Duft: balsamisch
Energie: Saturn
Element: Feuer
Wirkung: ausgleichend, vermittelt zwischen grobstofflichen und feinstofflichen Welten, unterdrückt vitale Triebenergien und regt die Aktivität des Geistes an, stärkt die Glaubenskraft.

Ylang Ylang-Öl
Duft: süßlich, blumig
Energie: Mond
Element: Wasser
Wirkung: entspannend, beruhigt die Emotionen bei Enttäuschung oder Zorn, löst blockierte Gefühle, regt die Sinne an und aphrodisiert.

Zimtöl
Duft: warm, samtig
Energie: Mond
Element: Wasser
Wirkung: entspannend, gibt Gefühle von Wärme und Geborgenheit, richtet den Blick nach innen, inspiriert zu Entdeckungsreisen in die archetypische Bilderwelt der Seele, regt zum Träumen an.

PRIMAVERA light

Athmospheric Light und Wohnraum-Aromatisierung

Duftleuchten aus Alabaster für schönes und gesundes Wohnen mit ätherischen Ölen.

Die Transparenz der edlen und formschönen Leuchten sorgen durch Duft, Licht und Form für eine wohltuende stimmungsvolle Atmosphäre.

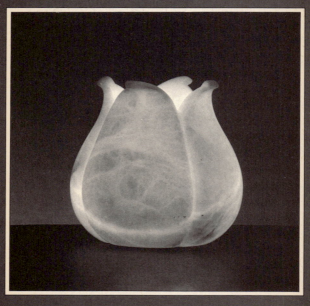

Primavera Light Duftleuchten GmbH
Hinterschwarzenberg 8, D-8967 Oy-Mittelberg
Telefon 0 83 66 / 13 84

PRIMAVERA

Heilen – Körperpflege und Wohnklimaverbesserung Alles für die Aromatherapie

*Natürliche ätherische Öle – 100% rein
Körperöle wie Jojoba-Mandel-Haselnuß
Erlesenes Räucherwerk
Duftlampen in großer Auswahl*

---

*Erhältlich in NATURKOSTLÄDEN und direkt bei
PRIMAVERA · D-8961 Sulzberg · Tel. 08376/704
Groß- und Einzelhandel (Versand)*

Körperöle mit feinstofflicher Wirkung

Chakraöle

Massageöle

Sternzeichenöle

Informativer Gesamtprospekt:

„Nützliches für's Neue Zeitalter"

Crailsheimer Str. 1, D-7184 Kirchberg/J. Tel. 07954-222

Jonathan-Essenzen

Udo Melster

Freude mit Düften

reine ätherische Essenzen
für die Aroma-Duft-Lampe
zur Massage
für Bad und Kosmetik
Jojoba-Öl und Mandel-Öl

D-8200 Rosenheim · Herderstraße 2
Telefon 0 80 31/8 23 12

Maggie Tisserand
GEHEIMNISSE WOHL-
RIECHENDER ESSENZEN
Bezaubernde Düfte für Schönheit, Sinnlichkeit, Inspiration und Wohlbefinden

128 Seiten
DM 14,80
ISBN 3-924624-24-0

Mehr als wir gemeinhin bereit sind zu glauben, spielt unsere Nase, unser Geruchssinn eine wichtige Rolle als Sinnesorgan. In alten Zeiten war man sich weit mehr über die Bedeutung des Geruchs bewußt. Schon damals suchte man sich, wie heute, zur Erholung und Entspannung Orte aus, die eine Vielfalt von Gutriechendem zu bieten hatten. Wälder, Parks, Gärten oder auch nur ein Plätzchen unter einem blühendem Baum bieten eine Orgie der verschiedensten Wohlgerüche, die uns beleben, entspannen und mit denen wir alles, was mit Frühling zu tun hat, verbinden. Wohl niemand kann sich an einem Ort erholen, der statt mit schönen Gerüchen mit Gestank aufzuwarten hat. Gutriechendes beflügelt unsere Fantasie uns Inspiration.
Aber auch bei der Ernährung spielt der Geruchssinn eine wichtige Rolle, er stimuliert unseren Appetit, macht Hunger, wenn wir gute Gerüche wahrnehmen.

Der noch heute gebräuchliche Spruch, »den oder die kann ich nicht riechen«, läßt darauf schließen, wie bedeutsam der Geruchssinn für Sympathie und Antipathie, für Anziehung und Abstoßung ist. Aromatherapie, das ist das Wissen um die Geheimnisse wohlriechender natürlicher Essenzen und ihrer Anwendung.
Maggie Tisserand hat dieses Buch speziell für Frauen geschrieben und ihre praktischen Ausführungen sind eine Einweihung in die Geheimnisse der bezaubernden Düfte, die sich jede Frau zunutze machen kann.